Barbara Jaglarz / Georg Bemmerlein

Bußgeldkatalog –
68 Zusatzaufgaben bei Regelverstößen

Sekundarstufe I

Persen Verlag GmbH

Gedruckt auf umweltbewusst gefertigtem, chlorfrei gebleichtem und alterungsbeständigem Papier.

3. Auflage 2007
© by Persen Verlag GmbH, Buxtehude
Alle Rechte vorbehalten

Das Werk und seine Teile sind urheberrechtlich geschützt. Jede Nutzung in anderen als den gesetzlich zugelassenen Fällen bedarf der vorherigen schriftlichen Einwilligung des Verlages. Hinweis zu § 52 a UrhG: Weder das Werk noch seine Teile dürfen ohne eine solche Einwilligung eingescannt und in ein Netzwerk eingestellt werden. Dies gilt auch für Intranets von Schulen und sonstigen Bildungseinrichtungen.

Illustrationen: Barbara Jaglarz, Georg Bemmerlein und deren Lizenzgeber
Satz: MouseDesign Medien AG, Zeven

ISBN 978-3-8344-**3726**-6

www.persen.de

Inhalt

Vorwort 4

Ignorieren der Hausordnung 5
Verspätung im Unterricht 8
Missachten der Anweisungen des Lehrers 11
Verweigern der Mitarbeit 14
Täuschen 16

Lautes Verhalten im Unterricht 18
Ablenkung durch elektronische Unterhaltungsmedien 24
Unerlaubtes Aufstehen und Herumlaufen 26
Essen und Trinken im Unterricht 29
Kaugummikauen im Unterricht 32

Werfen von Gegenständen im Unterricht 35
Papierflieger im Unterricht 39
Spucken mit Spuckrohr im Unterricht 40

Arbeitsmaterial vergessen 42
Heft vergessen 45
Hausaufgaben vergessen 46

Mitschülern Gegenstände wegnehmen 48
Mitschüler ärgern 50
Mitmenschen beleidigen/kränken 53
Anwendung körperlicher Gewalt 55
Lügen 58

Müll am Sitzplatz 61
Beschädigung von Schuleigentum 65

Rauchen auf dem Schulgelände 66
Werfen von Gegenständen auf dem Schulgelände 69

Unerlaubtes Verlassen des Schulgeländes 71
Unerlaubtes Fernbleiben vom Unterricht 72

Beispielarbeiten 73

Lösungen 81

Folgeseite für Textaufgaben 84

Vorwort

Die Zusatzaufgaben bieten dem Klassenlehrer, Fachlehrer oder Schulleiter neue und zusätzliche Möglichkeiten, passend und originell auf Regelverstöße während des Schullebens innerhalb und außerhalb des Unterrichts zu reagieren.

Die Aufgaben sind thematisch unterschiedlich konzipiert: Viele sind allgemein gehalten (z. B. „Verstoß gegen die Hausordnung"), andere sind zur schnellen und sicheren Reaktion auf häufige spezielle Verstöße gerichtet (z. B. „Heft vergessen").

Die Aufgabenstellungen selbst sind methodisch vielfältig und gehen vom Aufsatz über die Gestaltung eines Plakates bis hin zum Kreuzworträtsel, wobei Sie selbst entscheiden sollten, wie intensiv Sie die Aufgaben kontrollieren.

Mit den Zusatzaufgaben an der Hand gewinnen Sie die Möglichkeit, sich in angespannten Situationen gelassen zu zeigen; in der Frage um die angemessene Sanktion selbst entlastet, können Sie gegenüber den Schülern deeskalierend reagieren.

Die freundlich gehaltenen Aufgaben regen die Schüler an, sich mit dem Regelverstoß oder mit Teilaspekten desselben gedanklich auseinanderzusetzen. Die ansprechende Gestaltung der Aufgabenblätter und die konkreten Arbeitsanweisungen wirken zugleich Stress abbauend und unterstützen ein positives Lernklima.

Für die Wirksamkeit der Zusatzaufgaben ist es wichtig, dass die Schüler wissen, dass Sie diese Kopiervorlagen besitzen und auch konsequent einsetzen. Dadurch tritt Transparenz ein, die Schüler wissen was ein Verstoß „kostet" und fühlen sich infolgedessen selbst sicherer.

Die Praxiserfahrungen mit den Zusatzaufgaben in den Klassenstufen 5–10 zeigen, dass die Schüler die Spielregeln, die mit den Aufgaben verbunden sind, willig anerkennen und im Bewusstsein klarer und übersichtlicher Sanktionen disziplinierter handeln: „Ich werde es nicht mehr machen, weil ich die Konsequenzen jetzt kenne", schrieb ein Schüler.

Ein Tipp zu den Textaufgaben:
Heften Sie den Schülern an das Aufgabenblatt die „Folgeseite für Textaufgaben" (S. 84). Damit geben Sie Ihren Schülern diskussionslos einen Hinweis, welchen Arbeitsumfang Sie erwarten. Dieses Verfahren hat sich besser bewährt, als die Schüler zu bitten, ein beliebiges zweites Blatt zu verwenden.

B. Jaglarz und G. Bemmerlein

Zusatzaufgabe: Ignorieren der Hausordnung

Stelle dir vor, du wärest Schulleiter und wärest in deiner Schule für Ordnung, Sauberkeit und Disziplin verantwortlich.

Erstelle eine Hausordnung mit acht Paragrafen. Formuliere nicht nur die Regeln, sondern begründe diese auch logisch.

§ 1 _____

§ 2 _____

§ 3 _____

§ 4 _____

§ 5 _____

§ 6 _____

§ 7 _____

§ 8 _____

Zusatzaufgabe: Ignorieren der Hausordnung

Entwirf für jede Regel deiner Hausordnung ein Schild, das die Schüler an die Regel erinnert und sie zur Einhaltung auffordert.

§ 1

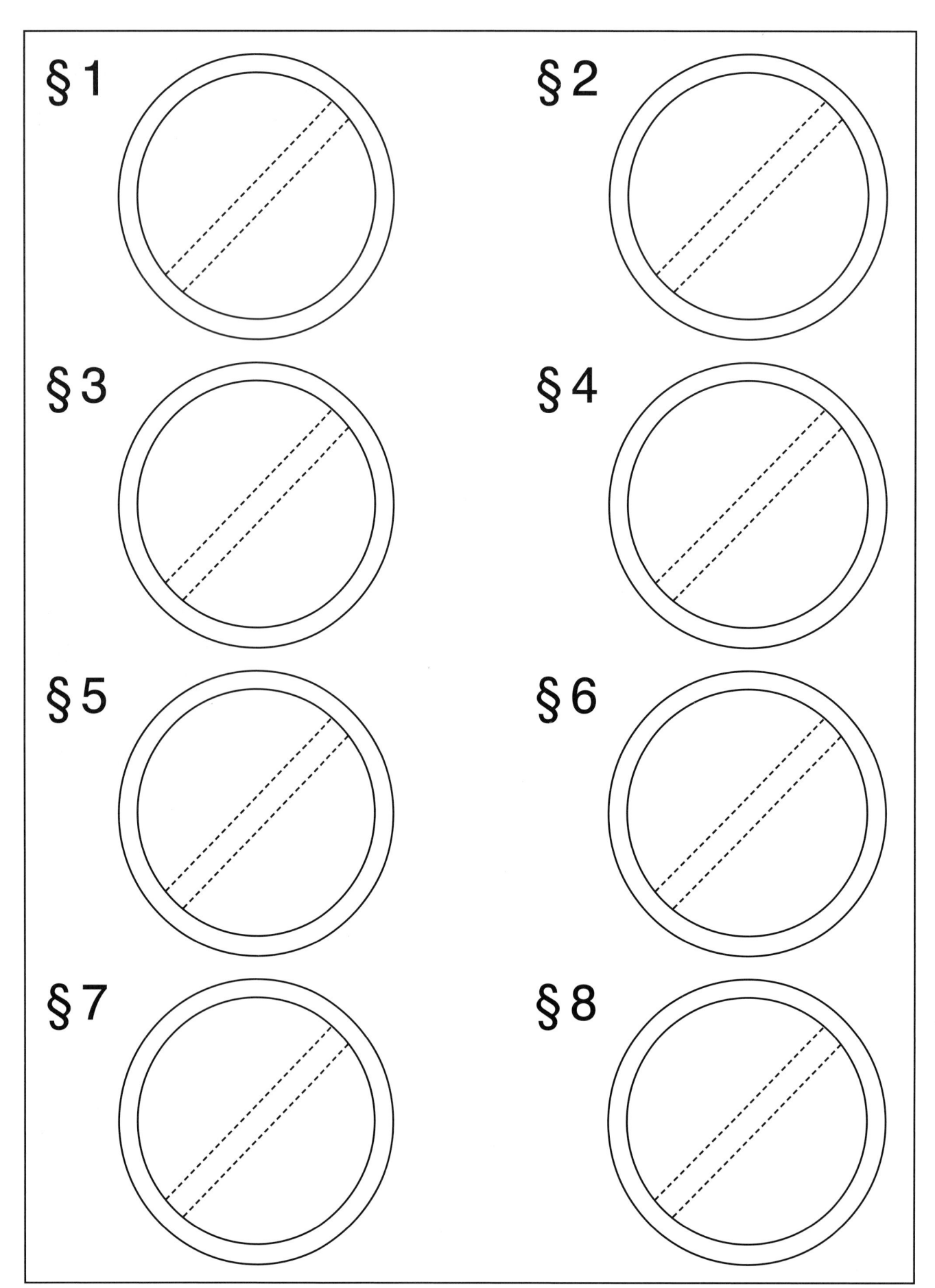

§ 2

§ 3

§ 4

§ 5

§ 6

§ 7

§ 8

Zusatzaufgabe: Ignorieren der Hausordnung

(III)

Erfinde und begründe ausführlich, was zur förmlichen Abmahnung des Lehrlings Kai Schuster geführt hat.

**Abmahnung und Androhung der Kündigung
Ihres Ausbildungsverhältnisses**

Sehr geehrter Herr Schuster,

seit Anwesenheit in unserem Hause haben Sie folgende Regeln unserer Hausordnung missachtet:

1. _____

2. _____

3. _____

4. _____

5. _____

6. _____

Wir mahnen Sie mit diesem Schreiben in aller Form ab und behalten uns vor, Ihnen bei weiteren Verstößen gegen die Hausordnung das Ausbildungsverhältnis zu kündigen.

Zusatzaufgabe: Verspätung im Unterricht

Schreibe zu den folgenden Schlagzeilen Zeitungsberichte.

Als die Feuerwehr endlich kam, war es zu spät

Schwerer Unfall: Warum kam der Notarzt zu spät?

Banküberfall gelungen – Die Polizei kam erst später

Zusatzaufgabe: Verspätung im Unterricht

Wenn man zu spät kommt, sucht man immer Erklärungen und Ausreden.
Drehe den Spieß um:

Begründe, was Menschen dazu bringt, sich zu entschuldigen, wenn sie zu früh dran sind, und erfinde einige Ausreden für das Zu-Früh-Kommen.

Begründung

Ausreden

Zusatzaufgabe: Verspätung im Unterricht

Warum ist es besser, eine Stunde zu früh zu kommen als eine Minute zu spät? Nenne fünf Beispiele und erläutere sie.

Beispiel 1

Beispiel 2

Beispiel 3

Beispiel 4

Beispiel 5

Zusatzaufgabe: Missachten der Anweisungen des Lehrers

Schreibe die nachfolgende Geschichte zu Ende.

Denke daran, welche Folgen der Frost für die Pflanzen, die Rohre, die Heizung und für Thomas hat.

Pass auf, Thomas!

Ein kalter Winter kam, wie selten in den letzten Jahren. Bevor Frau Heringer, die Besitzerin einer großen Gärtnerei, am Abend ihren Betrieb verließ, bat sie ihren jungen Mitarbeiter: „Pass auf, Thomas, ich gehe jetzt nach Hause. Bevor du als Letzter die Firma verlässt, stelle bitte im Gewächshaus und im Blumenladen die Warmwasserheizung an, denn die Nacht wird sehr kalt werden. Tschüss und einen schönen Abend!" Thomas aber dachte nicht daran, der Chefin zuzuhören, sie ging ihm mit ihrem Gerede auf die Nerven. Er selbst war warm gekleidet und fühlte die heranziehende Kälte nicht. Als er eine Stunde später ging, wie immer das Licht im Betrieb löschte und hinter sich die Türen abschloss, bemerkte er gar nicht, dass die Heizung noch immer abgeschaltet war. Als Frau Heringer am nächsten Morgen ins Geschäft kam, traute sie ihren Augen nicht:

Zusatzaufgabe: Missachten der Anweisungen des Lehrers

Male mit Wasserfarben einen wunderschönen Blumenstrauß, den du zur Entschuldigung verschenken würdest.

Zusatzaufgabe: Missachten der Anweisungen des Lehrers

**Erkläre die Bedeutung der Gebotsschilder aus dem Arbeitsbereich.
Nenne Berufe und Beispiele dafür, wann und warum diese Gebote erforderlich sind.**

Bedeutung: _____

_____

Folgen bei Missachtung: _____

_____

Bedeutung: _____

_____

Folgen bei Missachtung: _____

_____

Bedeutung: _____

_____

Folgen bei Missachtung: _____

_____

Bedeutung: _____

_____

Folgen bei Missachtung: _____

_____

Bedeutung: _____

_____

Folgen bei Missachtung: _____

_____

Zusatzaufgabe: Verweigern der Mitarbeit

Verfasse zu dem nachfolgenden Erzähltext den Mittelteil.
Beschreibe genau, wie sich Martin im Unterricht verhalten hat.

Lasst mich doch in Ruhe!

Im ersten Schulhalbjahr waren seine Leistungen noch in Ordnung. Dann überkam Martin die große Lustlosigkeit. Er verweigerte im Unterricht in vielen Fächern immer häufiger die Mitarbeit.

Herr Jung, Personalchef von Krause & Co, zuckte bedauernd die Achseln. „Tut mir leid, Martin, aber Lehrlinge mit so schwachen Noten nehmen wir nicht."

Zusatzaufgabe: Verweigern der Mitarbeit

II

Schreibe über die Folgen für dich, wenn eine der genannten Personen dir ihre Hilfe oder Mitarbeit verweigert.

Mutter ⟶ weigert sich, für dich zu kochen

Folgen für mich: _____

ADAC-Pannenhilfe ⟶ weigert sich, zu deiner Panne zu kommen

Folgen für mich: _____

Kassiererin ⟶ weigert sich, dir eine Eintrittskarte für ein Fußballspiel zu verkaufen

Folgen für mich: _____

Zahnarzt ⟶ weigert sich, deinen kranken Zahn zu behandeln

Folgen für mich: _____

Müllabfuhr ⟶ weigert sich, deine Mülltonne zu leeren

Folgen für mich: _____

Zusatzaufgabe: Täuschen

Erfinde zu dem Bild eine Geschichte über unerlaubtes Abschreiben.

Zusatzaufgabe: Täuschen

Schreibe die Geschichte zu Ende.

Lisa ist stolz auf ihre scharfen Augen. Und sie weiß ihre Gabe gut zu nutzen. Der Mathelehrer, Herr Leber, mag sie. Auch das weiß Lisa zu schätzen und in den Mathearbeiten schreibt sie ab, was sie nur kann. Herr Leber vertraut ihr und die Nachbarin, das Mathe-Ass Julia, petzt nicht. Lisa hat zwar eine Eins aber keine Ahnung von Mathe. Heute verkündet Herr Leber stolz: „Wir schicken Lisa zum Schülerlandeswettbewerb Mathematik, die macht unserer Klasse alle Ehre, das weiß ich!" Julia fällt vor Lachen vom Stuhl und Herr Leber begreift nichts. Lisa sitzt da, wie vom Blitz getroffen …

Zusatzaufgabe: Lautes Verhalten im Unterricht

Schreibe ein Referat zu dem Thema „Gesundheitliche Beeinträchtigung durch Lärm".

Denke z. B. an Straßenverkehr, Fluglärm, Rasenmäher, laute Musik und laute Maschinen am Arbeitsplatz.

Zusatzaufgabe: Lautes Verhalten im Unterricht

Erstelle ein Plakat für den Klassenraum zu dem Thema „Gesundheitliche Beeinträchtigung durch Lärm".

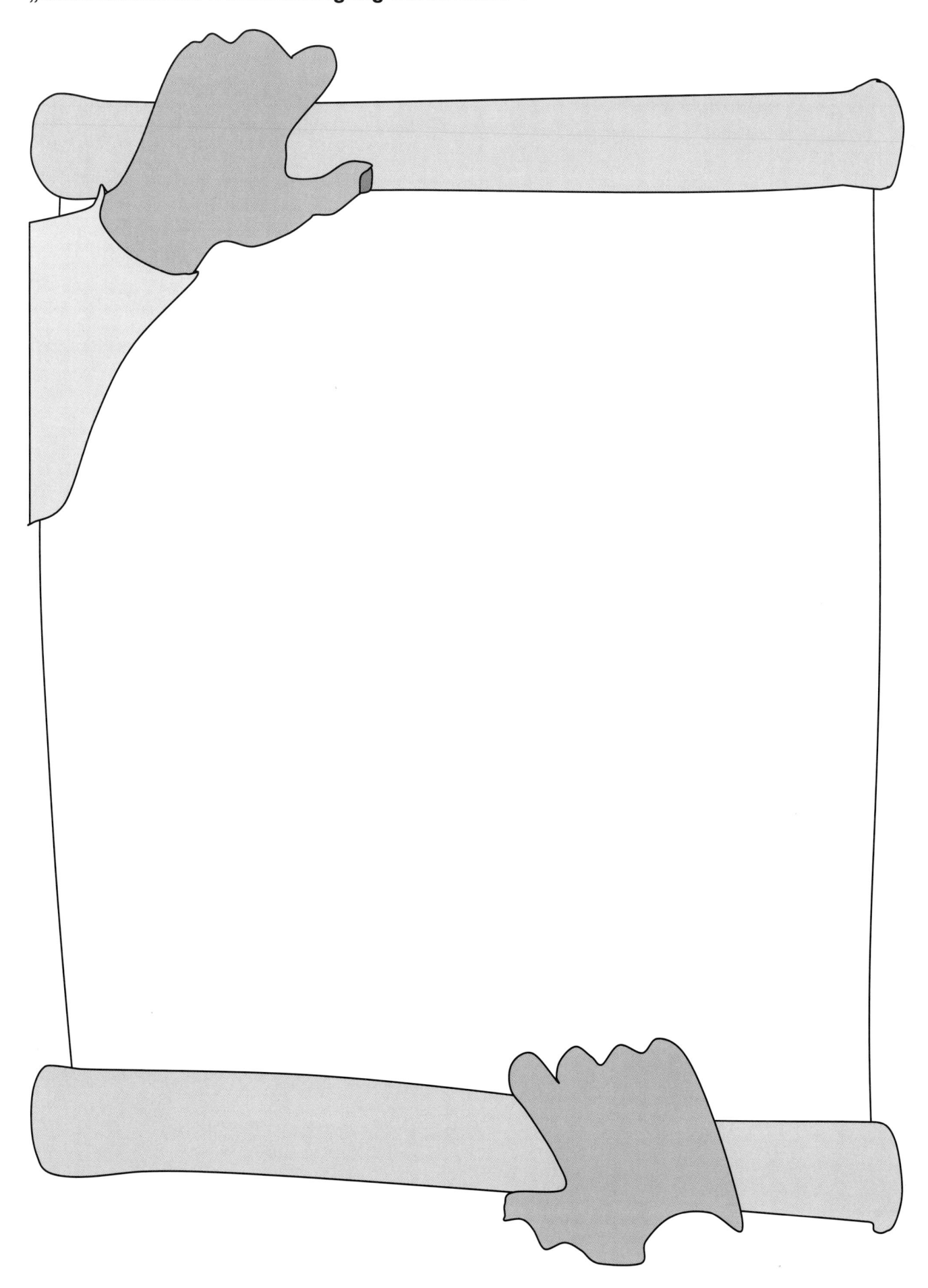

Zusatzaufgabe: Lautes Verhalten im Unterricht

Du schadest durch den von dir erzeugten Lärm deinen Mitmenschen.

Nenne fünf Lärmquellen, die der Gesundheit der Menschen schaden, und beschreibe sie.

1. _____

2. _____

3. _____

4. _____

5. _____

Zusatzaufgabe: Lautes Verhalten im Unterricht

Sortiere die folgenden Verben nach Lautstärke und bilde mit jedem Verb einen ausführlichen Beispielsatz:

hauchen – flüstern – wispern – raunen – murmeln – fauchen – zischen – tuscheln – knurren – brummen – mit den Lippen formen

1. _____
2. _____
3. _____
4. _____
5. _____
6. _____
7. _____
8. _____
9. _____
10. _____
11. _____

Zusatzaufgabe: Lautes Verhalten im Unterricht

Zeichne fünf verschiedene Schilder, die je eine Art der Lärmerzeugung verbieten. Male die Schilder an und erkläre die Bedeutung.

Zusatzaufgabe: Lautes Verhalten im Unterricht

Löse das große Lärmworträtsel.

Lösungssatz:

1	2	3	4	5	6	7	8	9	10	11	12	13	14	15

Schreibe eine Geschichte, in der du die drei längsten Wörter des Rätsels verwendest.

Zusatzaufgabe: Ablenkung durch elektronische Unterhaltungsmedien

Zeichne dein Unterhaltungsgerät und beschreibe es genau.

Zusatzaufgabe: Ablenkung durch elektronische Unterhaltungsmedien

Löse das große Elektronikspezialisten-Kreuzworträtsel.

Lösungssatz:

1	2	3	4	5	6	7	8	9	10	11	12	13	14	15	16

Schreibe eine Geschichte, in der du drei beliebige Wörter aus dem Kreuzworträtsel verwendest.

Zusatzaufgabe: Unerlaubtes Aufstehen und Herumlaufen

Offensichtlich liebst du Bewegung. Also ab auf Europareise …

Besuche die unten genannten Länder und zähle die größten Städte, die bedeutendsten Sehenswürdigkeiten, die bekanntesten Landesgerichte und typische Bräuche auf.

Informiere dich z. B. in Schulbüchern, in Lexika und im Internet.

Frankreich:

Spanien:

Italien:

England:

Schweiz:

Zusatzaufgabe: Unerlaubtes Aufstehen und Herumlaufen

Offensichtlich liebst du Bewegung. Also ab auf Europareise …

Schreibe Postkarten aus verschiedenen Städten Europas an deine Mitschüler.
Berichte von den Sehenswürdigkeiten der auf den Postkarten genannten Städte.
Male die Briefmarke mit einem Wahrzeichen der jeweiligen Stadt.

Informiere dich z. B. in Schulbüchern, in Lexika und im Internet.

Gruß aus London

Gruß aus Berlin

Zusatzaufgabe: Unerlaubtes Aufstehen und Herumlaufen

Offensichtlich liebst du Bewegung. Also ab auf Europareise …

Schreibe Postkarten aus verschiedenen Städten Europas an deine Mitschüler. Berichte von den Sehenswürdigkeiten der auf den Postkarten genannten Städte. Male die Briefmarke mit einem Wahrzeichen der jeweiligen Stadt.

Informiere dich z. B. in Schulbüchern, in Lexika und im Internet.

Gruß aus Rom

Gruß aus Warschau

Zusatzaufgabe: Essen und Trinken im Unterricht

Verfasse einen gesunden Frühstücksplan für die Woche.

Montag

_____

_____

Dienstag

_____

_____

Mittwoch

_____

_____

Donnerstag

_____

_____

Freitag

_____

_____

Samstag

_____

_____

Sonntag

_____

_____

Zusatzaufgabe: Essen und Trinken im Unterricht

Beschreibe ausführlich die spannende große Pause, in der die Zeit nicht für das Pausenfrühstück gereicht hat.

Zusatzaufgabe: Essen und Trinken im Unterricht

**Finde je zwölf Produkte, die man oft bzw. selten essen sollte.
Trage jedes Produkt in die Tabelle ein.**

(Suche waagrecht, senkrecht, diagonal, vor- und rückwärts.)

M	A	N	D	A	R	I	N	E	B	R	O	K	K	O	L	I	R	T	C
O	G	Y	U	B	R	A	T	W	U	R	S	T	Q	U	A	R	K	S	Q
S	P	I	H	C	L	E	F	F	O	T	R	A	K	G	T	Q	W	R	E
P	O	M	M	E	S	C	H	W	E	I	N	S	H	A	X	E	A	U	T
G	U	R	K	E	L	X	P	E	D	A	L	O	K	O	H	C	S	W	R
B	R	A	T	K	A	R	T	O	F	F	E	L	N	O	C	W	H	H	O
H	M	G	V	O	L	L	K	O	R	N	B	R	O	T	S	A	C	C	T
T	O	M	A	T	E	K	R	A	E	U	T	E	R	T	E	E	S	S	E
Y	T	M	I	N	E	R	A	L	W	A	S	S	E	R	D	Y	A	I	N
M	I	M	K	L	E	F	P	A	L	J	O	G	H	U	R	T	L	E	H
S	A	L	A	M	I	F	G	O	S	A	L	A	T	P	G	N	U	L	A
W	I	L	S	E	U	M	C	H	E	D	A	N	O	M	I	L	G	F	S

OFT ESSEN	**SELTEN ESSEN**
_____	_____
_____	_____
_____	_____
_____	_____
_____	_____
_____	_____
_____	_____
_____	_____
_____	_____
_____	_____
_____	_____
_____	_____

Zusatzaufgabe: Kaugummikauen im Unterricht

Kaugummikauen ist im Unterricht nicht erlaubt. Diese Regel gilt für alle!

Schreibe eine Erzählung zu dem Thema „Mein Leben als Kaugummi".

Denke dabei beispielsweise an die Bestandteile des Kaugummis, die Verpackung, den Vertriebsweg, den Verkauf im Geschäft, Erlebnisse im Einkaufswagen, an der Kasse und auf dem Weg nach Hause. Beschreibe auch die Gefühle des Kaugummis, während du es kaust und im Unterricht dabei erwischt wirst.

Zusatzaufgabe: Kaugummikauen im Unterricht

Fülle den Steckbrief deines Kaugummis aus und male seine coole Verpackung.

Steckbrief eines Kaugummis

Name: _____

Herstellungsdatum: _____

Alter: _____

Haltbarkeitsdatum: _____

Herstellungsort: _____

Firma/Verkäufer: _____

Regalplatz: _____

Preis: _____

Abbildung

Größe: _____

Gewicht: _____

Farbe: _____

Geschmack: _____

Zuckerfrei: ja ☐ nein ☐ Anmerkung: _____

Verpackung: Farbe: _____

Material: _____

Aufschrift: _____

_____

Käufer: Name: _____

Geschlecht: weiblich ☐ männlich ☐

Alter: _____

Wohnort: _____

Zusatzaufgabe: Kaugummikauen im Unterricht

Male deine exklusive Kaugummiverpackung.

Entwirf ein Verbotsschild für das Kaugummikauen, schneide es aus, klebe es auf deinen Sitzplatz und halte dich daran.

Zusatzaufgabe: Werfen von Gegenständen im Unterricht

Erzähle die folgende Geschichte zu Ende. – Was wird mit Philipp geschehen?

Philipp macht eine Lehre als Koch. Er hat schon in der Schule oft bewiesen: Was man in der Hand halten kann, ist auch flugfähig. Wenn Philipp kocht, ist die Luft in der Küche gemüsehaltig – vorausgesetzt Küchenmeister Henke ist nicht da. Der ist stocksauer, wenn ihm die Petersilie Richtung Suppentopf um die Ohren fliegt. Schließlich ist nicht garantiert, dass auch alles da landet, wo es hingehört. Heute fliegt nicht der Schnittlauch, sondern der alte schmutzige Küchenlappen. Mist – mitten in die frisch angesetzte Soße! Es spritzt mächtig und Herr Henke, der um die Ecke kommt, hat auf einmal mitten im Winter Sommersprossen.

Zusatzaufgabe: Werfen von Gegenständen im Unterricht

II

Beim Werfen geht es vor allem um das richtige Zielen. Es gibt eine Sportart, bei der es besonders wichtig ist, dass man trifft: **Basketball.**

Beschreibe die Regeln dieser Sportart.

Zusatzaufgabe: Werfen von Gegenständen im Unterricht

Male für eine neue Fluggesellschaft ein Musterflugzeug in auffälligen Farben und mit einem von dir entworfenen Firmenzeichen.

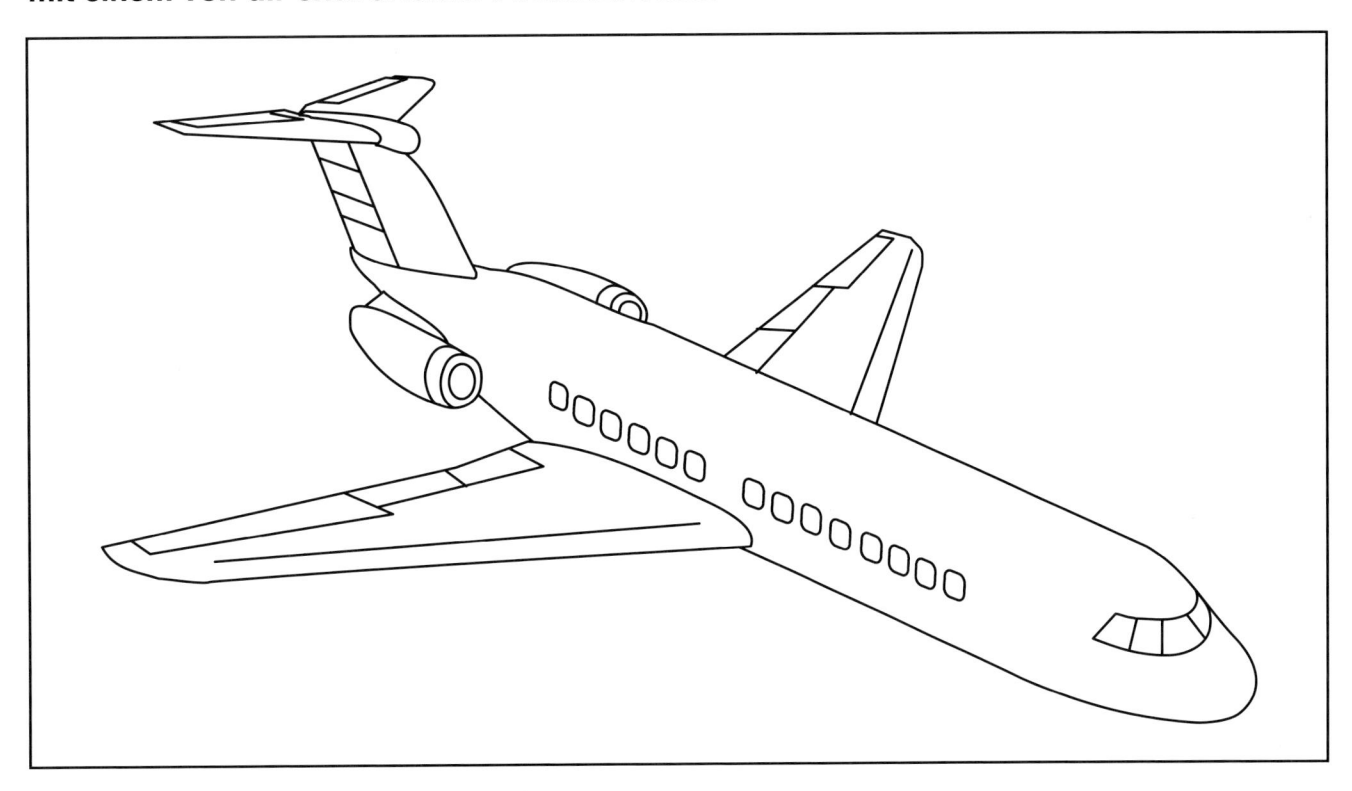

Nenne sechs Verhaltensregeln, die man als Passagier in einem Flugzeug einhalten sollte.

1. _____
2. _____
3. _____
4. _____
5. _____
6. _____

Zusatzaufgabe: Werfen von Gegenständen im Unterricht

IV

Schreibe einen Aufsatz zu dem Thema „Mein Leben als Flugzeug".

Berichte von deinen technischen Daten und deinem Aussehen, von deiner Taufe, deinen Lieblingsflugrouten, deinen Piloten, von Erlebnissen auf dem Flughafen und an Bord.

Zusatzaufgabe: Papierflieger im Unterricht

Schreibe eine Faltanleitung für den besten Papierflieger, den du kennst, und zeichne ihn.

Zusatzaufgabe: Spucken mit Spuckrohr im Unterricht

Benjamin Kunz bekam von der Englischlehrerin folgenden Klassenbucheintrag:

Benjamin Kunz bespuckt seine Mitschüler mit einem Spuckrohr und stört erheblich den Unterricht.

Beschreibe, was im Unterricht geschehen ist und warum der Klassenbucheintrag wichtig war. Berücksichtige dabei vor allem die folgenden Aspekte: Hygiene, Kränkung von Mitmenschen und Störung des Unterrichts.

Zusatzaufgabe: Spucken mit Spuckrohr im Unterricht

**Verfasse eine Reizwortgeschichte mit folgenden Wörtern:
Deutschstunde, Spuckrohr, Augenarzt, Klassenbucheintrag.**

Vergiss die Überschrift nicht!

Zusatzaufgabe: Arbeitsmaterial vergessen

Beschreibe in ganzen Sätzen für die angegebenen Berufe und Gegenstände, welche Folgen das Vergessen von Arbeitsmaterial haben kann.

Beruf	vergessen ...	Beruf	vergessen ...
Notarzt	Verbandskasten	Tänzerin	Ballettschuhe
Feuerwehrmann	Helm	Fußballer	Schienbeinschoner
Chirurg	Brille	Elektriker	Spannungsprüfer

1. _____
2. _____
3. _____
4. _____
5. _____
6. _____

Zusatzaufgabe: Arbeitsmaterial vergessen

Finde zwölf Personen und jeweils den passenden Gegenstand, den sie vergessen haben. Trage jede Person und ihren Gegenstand in die Tabelle ein und fülle die Spalte „Folgen" aus.

(Suche waagrecht, senkrecht, diagonal, vor- und rückwärts.)

U	B	Y	R	E	K	C	E	A	B	S	K	O	C	H	F	U	L	E	L
Z	R	E	T	S	I	E	L	K	A	L	A	N	O	T	A	R	Z	T	P
A	A	G	R	E	T	H	C	I	R	S	D	E	I	H	C	S	T	L	F
N	E	B	A	G	F	U	A	S	U	A	H	E	G	N	I	R	E	H	E
U	U	X	C	S	C	H	U	L	S	C	H	L	U	E	S	S	E	L	I
G	T	R	E	R	H	E	L	A	R	Z	T	K	O	F	F	E	R	W	F
X	I	L	K	U	N	D	E	N	A	D	R	E	S	S	E	E	X	V	E
A	G	Z	V	S	C	H	U	E	L	E	R	E	N	I	E	R	H	C	S
Y	A	K	H	A	U	S	M	E	I	S	T	E	R	F	S	D	A	E	M
M	M	E	R	E	H	C	S	G	T	A	P	E	Z	I	E	R	E	R	N
T	A	X	I	F	A	H	R	E	R	L	E	S	S	I	N	G	U	E	Z
F	R	I	S	E	U	R	A	L	I	Z	D	N	I	K	L	I	I	A	F

PERSON	VERGESSENER GEGENSTAND	FOLGEN

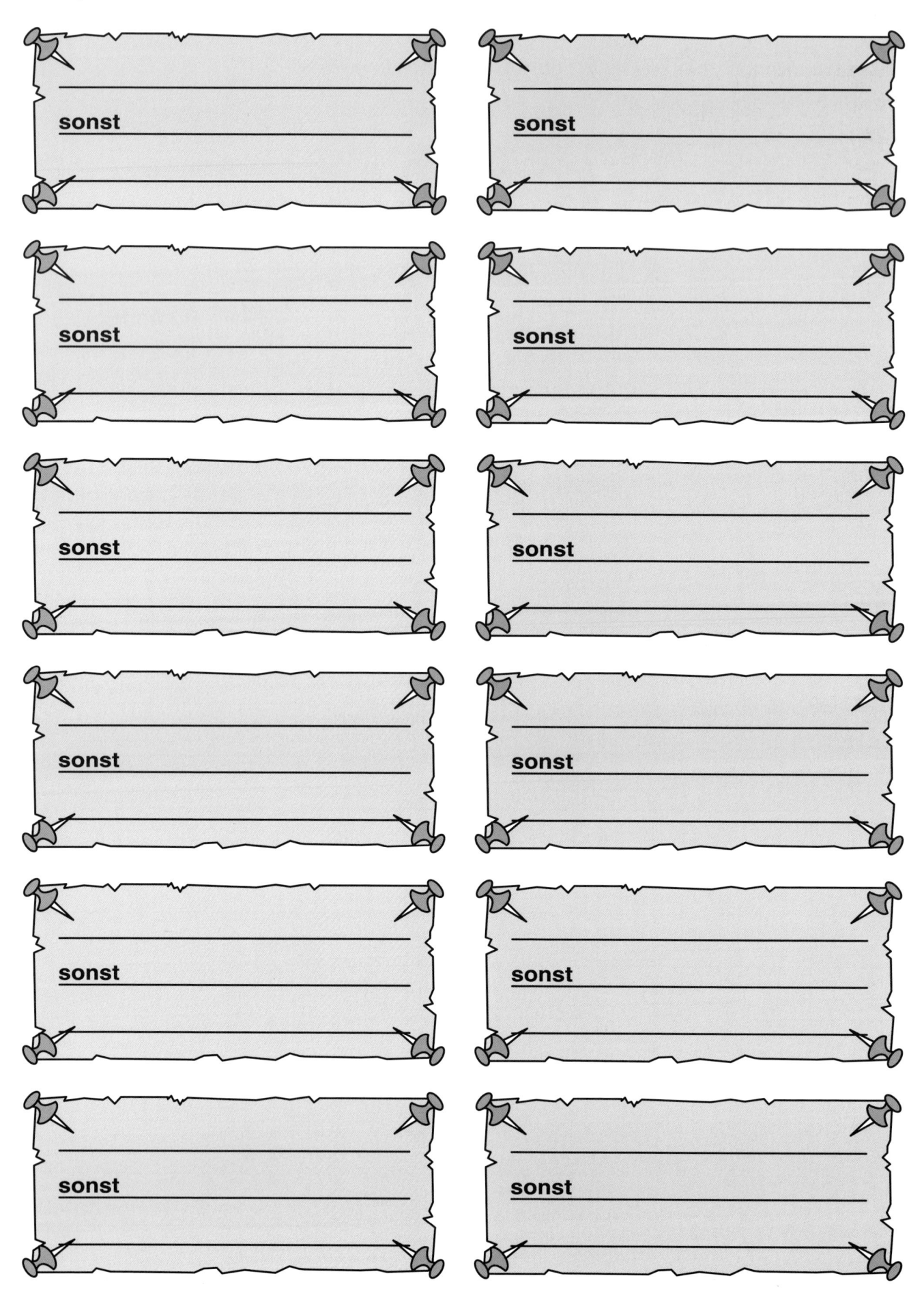

Zusatzaufgabe: Arbeitsmaterial vergessen

Schreibe auf die zwölf Merkzettel zwölf Tätigkeiten, die man im Alltag nicht vergessen sollte, z. B. Licht ausmachen beim Verlassen eines Raumes.

sonst _____	sonst _____
sonst _____	sonst _____
sonst _____	sonst _____
sonst _____	sonst _____
sonst _____	sonst _____
sonst _____	sonst _____

Zusatzaufgabe: Heft vergessen

Dein Heft liegt traurig zu Hause und langweilt sich. Um es zu trösten, berichte deinem Heft schriftlich, was es am heutigen Schultag alles versäumt hat, angefangen mit dem Schulweg über alle Schulstunden und Pausen bis zum Heimweg.

Zusatzaufgabe: Hausaufgaben vergessen

Schreibe einen Zeitungsbericht zu folgender Schlagzeile:

Bauarbeiter vergaß, die Baustelle abzusichern

Zusatzaufgabe: Hausaufgaben vergessen

Schreibe einen Zeitungsbericht zu folgender Schlagzeile:

Nachtwächter vergaß, den Haupteingang zu schließen

Zusatzaufgabe: Mitschülern Gegenstände wegnehmen

Der Richter: „Weniger geht einfach nicht"

Der 14-jährige Thomas holte abends in einem Restaurant für seine Eltern zwei Hamburger. Auf der anderen Straßenseite kam ihm der 34 Jahre alte Bernd N. entgegen. Bernd N. kannte den Jungen, da er ein Freund seines Vaters war, und beschloss, der befreundeten Familie einen Streich zu spielen. Mit der Kapuze seines Trainingsanzuges über dem Gesicht überquerte er die Straße, entriss dem Jungen die Tüte, flüchtete und aß zu Hause die „Beute" auf. Die Eltern von Thomas, der Bernd N. nicht erkannt hatte, erstatteten Anzeige gegen Unbekannt. Am nächsten Morgen erschien Bernd N. bei den Eltern von Thomas, entschuldigte sich, zahlte die Hamburger und gab Thomas als Entschädigung für den Schrecken 20 .
Thomas Eltern riefen die Polizei an, um die Anzeige zurückzunehmen. Aber die Anzeige konnte rechtlich nicht mehr zurückgenommen werden. Der Fall musste vor Gericht. Der Richter verurteilte Bernd N. zu sechs Monaten Gefängnis auf Bewährung, der Mindeststrafe für Raub. „Weniger geht nicht", meinte der Richter, „aber wenn ein Erwachsener etwas tut, was keinem Jugendlichen einfallen würde, muss er sich schon sagen lassen, dass so etwas seinen Preis hat."

Schreibe zu diesem Zeitungsartikel einen Leserbrief.

Zusatzaufgabe: Mitschülern Gegenstände wegnehmen

Oft betrachten Schüler es als Scherz, Mitschülern Gegenstände wegzunehmen. Sie sehen nicht, dass dies keinesfalls erlaubt ist und juristisch nichts anderes ist als Diebstahl. Die Opfer beschweren sich zu Recht über den Verlust ihres Eigentums.

Entwirf eine schöne Entschuldigungskarte. Schreibe auf die Rückseite eine Entschuldigung an deine Mitschülerin/deinen Mitschüler und erkläre die Gründe für dein Handeln.

ENTSCHULDIGUNG
— ES TUT MIR RICHTIG LEID!

SORRY

Zusatzaufgabe: Mitschüler ärgern

Schreibe an deine Mitschülerin/deinen Mitschüler einen Brief, in dem du dich entschuldigst, erklärst, warum du sie/ihn geärgert hast, und versprichst dies in Zukunft zu unterlassen.

Zusatzaufgabe: Mitschüler ärgern

Was du nicht willst, dass man dir tu',
das füg auch keinem andern zu.

Schreibe eine Geschichte, in der du das Sprichwort verwendest.

Zusatzaufgabe: Mitschüler ärgern

Nenne zehn Verhaltensweisen von Mitschülern, über die du dich ärgern würdest, und begründe deinen Ärger.

1. _____

2. _____

3. _____

4. _____

5. _____

6. _____

7. _____

8. _____

9. _____

10. _____

Zusatzaufgabe: Mitmenschen beleidigen/kränken

Schreibe an die Person, die du heute gekränkt hast, einen netten Brief, in dem du dich entschuldigst.

Zusatzaufgabe: Mitmenschen beleidigen/kränken

Schreibe fünfzehn nette Wörter, Wortverbindungen und Sätze, über die sich deine Mitmenschen freuen würden.

**Man erwartet von Beamten, Kaufleuten, Handwerkern etc., dass sie nett zu ihren Kunden sind, sonst will man mit ihnen nur ungern etwas zu tun haben.
Warum ist es so wichtig, nett und taktvoll zu sein?**

Zusatzaufgabe: Anwendung körperlicher Gewalt

Schreibe an das Opfer deiner Gewaltanwendung einen Brief, in dem du dich nicht nur entschuldigst, sondern auch erklärst und begründest, wie sinnlos und gefährlich Gewalt ist.

Zusatzaufgabe: Anwendung körperlicher Gewalt

Nenne und beschreibe fünf Sportarten, die du deinen Mitschülern empfehlen könntest, um überschüssige Kräfte und Aggressionen abzuarbeiten und loszuwerden.

1. _____

2. _____

3. _____

4. _____

5. _____

Zusatzaufgabe: Anwendung körperlicher Gewalt

Löse das große Gewaltkreuzworträtsel.

Hinweise (Fragen im Rätsel):
- körperliche Auseinandersetzung
- Abk. für Malteserhilfsdienst
- Schmerzschrei
- Angriffslust
- Kampfsportart
- gefühllos
- böse
- Abk. für Oberlandesgericht
- jemand hauen
- Furcht
- veraltet für Untat
- Verletzung
- verbale Gewaltanwendung
- erzwingen
- jemand heftig schlagen
- extreme Abneigung
- Zwangslage
- starke Wut
- lieb
- Abk. für Landgericht
- Arzt für erste Hilfe
- Abk. für Gesetzbuch
- engl. für Bande
- Zweifel hinsichtlich eines Tuns

Lösungssatz:

| 1 | 2 | 3 | 4 | 5 | 6 | | 7 | 8 | 9 | 10 | 11 | | 12 | 13 | 14 | 15 | 16 | | 17 | 18 | 19 | 20 | 21 | 22 | 23 | 24 |

Schreibe eine Geschichte, in der du die drei längsten Wörter des Rätsels verwendest.

Zusatzaufgabe: Lügen

Lügen haben kurze Beine

1. Erkläre die Bedeutung des Sprichwortes.

2. Schreibe eine Geschichte, in der du das Sprichwort verwendest.

Zusatzaufgabe: Lügen

Wer einmal lügt, dem glaubt man nicht,
und wenn er auch die Wahrheit spricht.

1. Erkläre die Bedeutung des Sprichwortes.

2. Schreibe eine Geschichte, in der du das Sprichwort verwendest.

Zusatzaufgabe: Lügen

Wie sieht eigentlich ein Lügenbeutel aus? Male sein Porträt!

Zusatzaufgabe: Müll am Sitzplatz

Was gehört in welche Mülltonne? Nenne für jede Tonne acht Müllsorten.

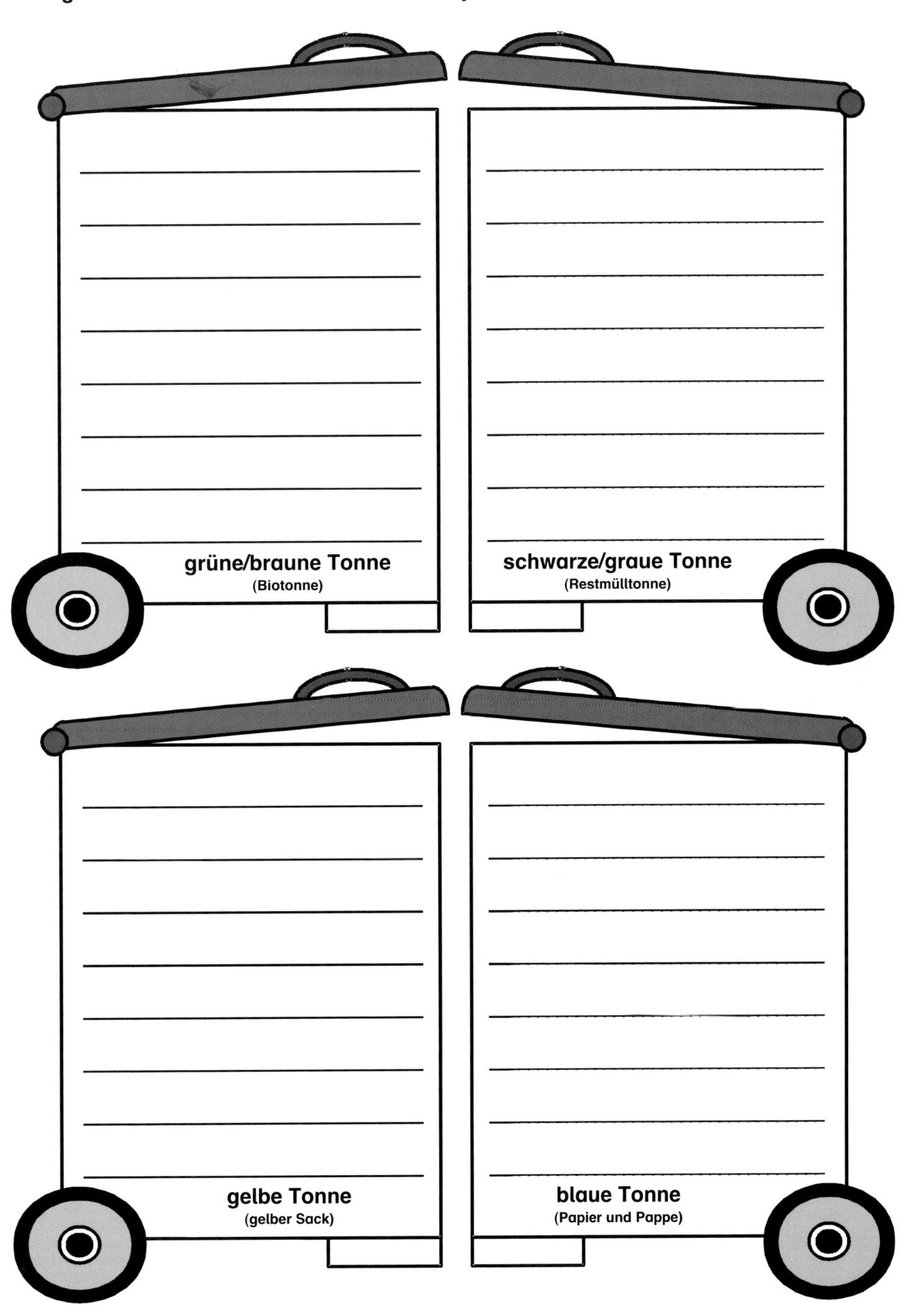

grüne/braune Tonne
(Biotonne)

schwarze/graue Tonne
(Restmülltonne)

gelbe Tonne
(gelber Sack)

blaue Tonne
(Papier und Pappe)

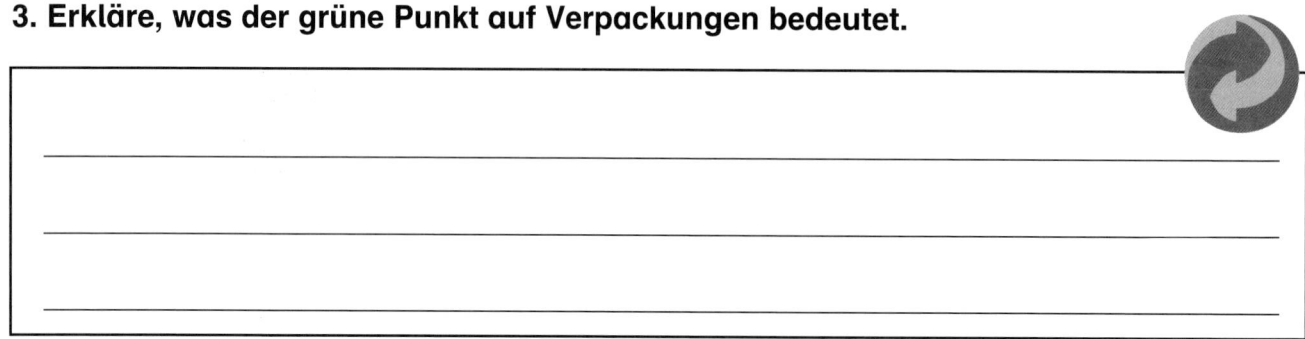

Zusatzaufgabe: Müll am Sitzplatz

1. Erkläre, warum die Mülltrennung so wichtig ist.

2. Nenne Produkte aus Recyclingmaterialien.

Altpapier

Altglas

Kunststoff

Altmetall

Bioabfall

3. Erkläre, was der grüne Punkt auf Verpackungen bedeutet.

Zusatzaufgabe: Müll am Sitzplatz

(III)

Liegengelassener Müll sieht nicht nur hässlich aus, sondern ist oft auch gesundheitsschädlich. Anderen Menschen, die deinen Müll deshalb wegräumen müssen, machst du viel unnötige Arbeit.

Verfasse ein Referat zum Thema Umweltverschmutzung. Denke dabei z. B. an Abgase, Staubemissionen und wilde Müllkippen. Zeige im Referat an Beispielen, wie man solche Verschmutzungen vermeiden kann.

Zusatzaufgabe: Müll am Sitzplatz

Entwirf für den Klassenraum ein Plakat zum Thema Umweltverschmutzung.

Denke dabei an Abgase, Staubemissionen und wilde Müllkippen.

Zusatzaufgabe: Beschädigung von Schuleigentum

Lange hat deine Familie für das neue Auto gespart und zum Schluss noch einen Kredit aufgenommen. Die Monatsraten sind hoch, aber die Freude am neuen Auto wiegt alle Entbehrungen auf. Dann kommt die Walpurgisnacht: Jugendliche verkratzen das Auto und besprühen es mit giftgrünem Autolack, der nicht mehr entfernt werden kann …

Beschreibe die Reaktion deiner Eltern und deine Gefühle.

Zusatzaufgabe: Rauchen auf dem Schulgelände

Rauchen gefährdet die Gesundheit

Rauchen kann tödlich sein

Erkundige dich bei deinem Arzt, bei deiner Krankenkasse oder in der Fachliteratur, welche Gründe für solche oder ähnliche Warntexte auf den Zigarettenschachteln sprechen.

Fasse diese Informationen in einem Referat zum Thema „Rauchen kann tödlich sein" zusammen.

Zusatzaufgabe: Rauchen auf dem Schulgelände

Entwirf ein Plakat, das junge Menschen vor den Folgen des Rauchens warnt.

Zusatzaufgabe: Rauchen auf dem Schulgelände

Entwirf die Musterpackung einer Zigarettenschachtel, deren Aussehen vom Rauchen abschreckt.

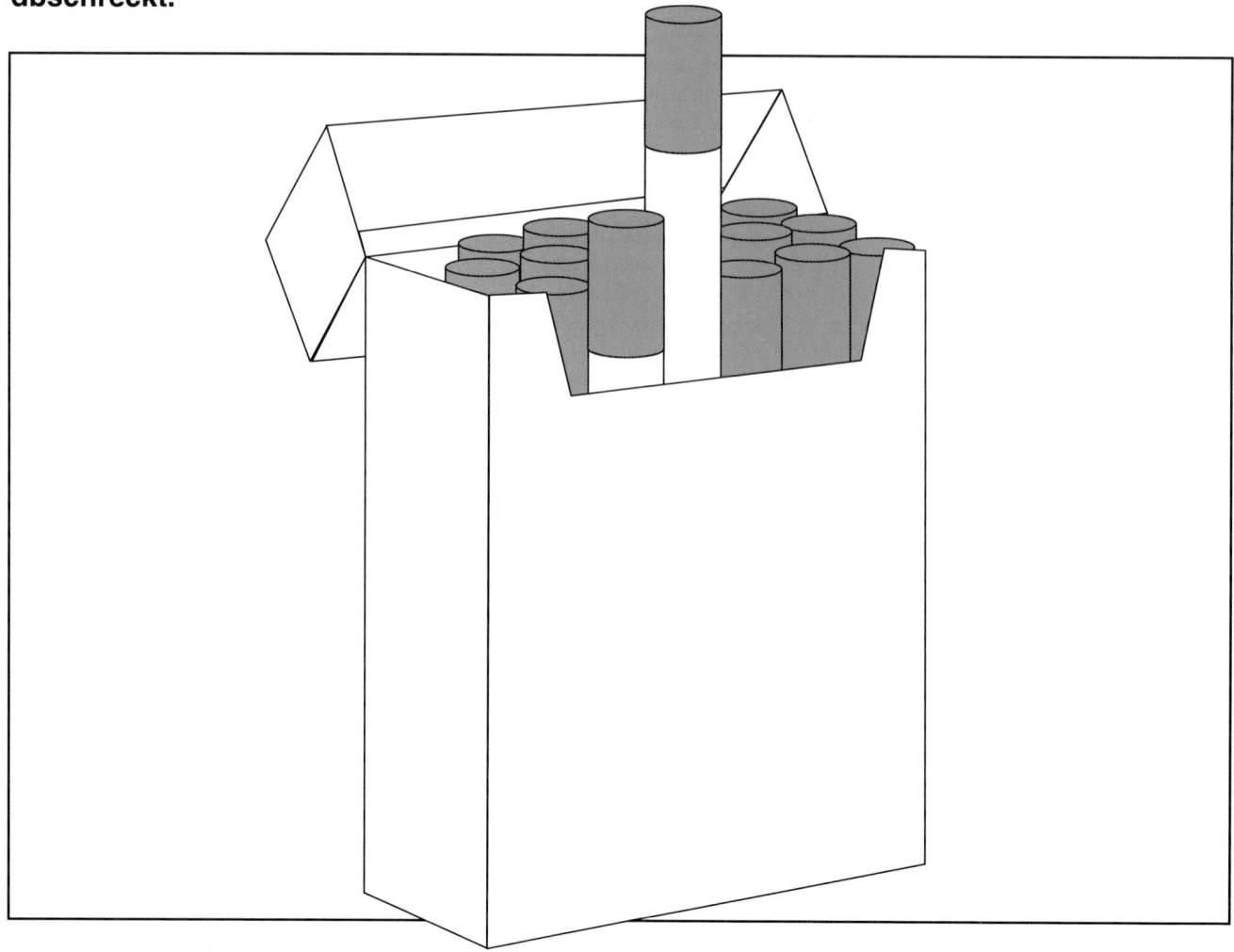

Überzeuge deine Mitschüler in einem kurzen Text, dass das „Nein" zu einer angebotenen Zigarette nicht Schwäche, sondern Stärke ist.

Zusatzaufgabe: Werfen von Gegenständen auf dem Schulgelände

Erzähle die Bildergeschichte.

Zusatzaufgabe: Werfen von Gegenständen auf dem Schulgelände

Nenne acht gute Argumente, weshalb das Werfen harter oder verletzender Gegenstände nicht ratsam ist.

1. ___
2. ___
3. ___
4. ___
5. ___
6. ___
7. ___
8. ___

Zusatzaufgabe: Unerlaubtes Verlassen des Schulgeländes

Stelle dir vor: Als du während der Schulzeit das Schulgelände unerlaubt verlassen hast, ist der Unfall geschehen. Jetzt liegst du mit einem Rippenbruch im Krankenhaus. Dein Vater hat dir einen Brief deiner Versicherung gebracht. Die Versicherung meint, dass sie den Krankenhausaufenthalt nicht zahlen muss, und will wissen, was genau geschehen ist, warum du das Schulgelände verlassen hast, wie wann, wo und warum der Unfall geschehen ist, welche Personen beteiligt waren und wer Zeuge war.

Schreibe einen ausführlichen, sehr höflichen Brief an die Versicherung, in dem du den Hergang und die Ursachen des Unfalls ganz genau schilderst. Bitte sehr freundlich darum, dass die Versicherung doch zahlen möge, und führe hierfür gute Gründe an.

Zusatzaufgabe: Unerlaubtes Fernbleiben vom Unterricht

Schreibe die Geschichte zu Ende.

Florian ist abgehauen. Einfach so. Die Mathe-Doppelstunde am Ende des Schultages hat er sich erspart. Raus aus der Schule und ab in die Stadt. Im Park war es ruhig und sonnig, kein bekanntes Gesicht, da waren sowieso nicht viele Leute. Den Schulbus nach Hause hat er fast verpasst, ihn gerade noch an der Berufsschule erwischt. Frau Müller, die Mathelehrerin, hat am nächsten Tag gemault, aber er hat sich herausgeredet. Im Krankenzimmer sei er gewesen, Kopfschmerzen, Übelkeit. Frau Müller hat es ihm abgenommen. Florian hat wenig Bedenken. Mathe, meint er, kann er eh nicht. Das kann er auch gleich lassen. Er sagt, das braucht ein Rettungssanitäter nicht. Das will er nämlich später mal machen. Mutter kocht vor Wut, droht mit Hausarrest ohne Ende … Ein Glück, dass Papa noch nicht zu Hause ist, der Ärger wäre doppelt so groß. Wie hat Mama bloß erfahren, dass Florian geschwänzt hat?

Beispielarbeiten

Zusatzaufgabe: Ignorieren der Hausordnung (II)

Entwirf für jede Regel deiner Hausordnung ein Schild, das die Schüler an die Regel erinnert und sie zur Einhaltung auffordert.

> Rauchen ist auf dem Schulgelände nicht erlaubt.
> Es gefährdet nicht nur eure Gesundheit sondern auch die der anderen.

> Das Verlassen des Schulgeländes, während der Unterrichtszeit, ist nicht erlaubt, da die Versicherung für Unfälle außerhalb der Schule nicht haftet.

Zusatzaufgabe: Verspätung im Unterricht (I)

Schreibe zu den folgenden Schlagzeilen Zeitungsberichte.

Als die Feuerwehr endlich kam, war es zu spät

Am gestrigen Abend gegen 22.00 Uhr kam es zu einem Hausbrand in der Menzelstraße am Kielsberg in Stuttgart. Die Feuerwehr kam leider zu spät und das Haus brannte vollkommen bis zum letzten Holz nieder. Warum die Feuerwehr so spät kam wird jetzt untersucht.

Schwerer Unfall: Warum kam der Notarzt zu spät?

Am gestrigen Mittag geschah in der Schloßstraße in Berlin ein lebensgefährlicher Unfall. Trotz rechtzeitiger Verständigung kam der Notarzt zu spät. Warum ist bislang unbekannt. Der Notarzt hat sich nicht bereit erklärt Angaben für seine Verspätung zu machen. Es kamen zwei Menschen ums Leben. Die Polizei ermittelt gegen den Notarzt.

Banküberfall gelungen – Die Polizei kam erst später

Gestern geschah in Mainz ein Banküberfall bei der Sparkasse. Der Täter war maskiert und ihm gelang die Flucht. Die Polizei kam zu spät und konnte den Täter nicht fassen. Grund für die Verspätung war ein Motorschaden. Das gab ein Polizeireporter vorher bekannt.

Zusatzaufgabe: Missachten der Anweisungen des Lehrers (I)

Schreibe die nachfolgende Geschichte zu Ende.

Denke daran, welche Folgen der Frost für die Pflanzen, die Rohre, die Heizung und für Thomas hat.

Pass auf, Thomas!

Ein kalter Winter kam, wie selten in den letzten Jahren. Bevor Frau Heringer, die Besitzerin einer großen Gärtnerei, am Abend ihren Betrieb verließ, bat sie ihren jungen Mitarbeiter: „Pass auf, Thomas, ich gehe jetzt nach Hause. Bevor du als Letzter die Firma verlässt, stelle bitte im Gewächshaus und im Blumenladen die Warmwasserheizung an, denn die Nacht wird sehr kalt werden. Tschüss und einen schönen Abend!" Thomas aber dachte nicht daran, der Chefin zuzuhören, sie ging ihm mit ihrem Gerede auf die Nerven. Er selbst war warm gekleidet und fühlte die heranziehende Kälte nicht. Als er eine Stunde später ging, wie immer das Licht im Betrieb löschte und hinter sich die Türen abschloss, bemerkte er gar nicht, dass die Heizung noch immer abgeschaltet war. Als Frau Heringer am nächsten Morgen ins Geschäft kam, traute sie ihren Augen nicht:

Alle Blumen im Gewächshaus waren zu „Eisblumen" geworden. Die Pflanzen waren kaputt. Am schlimmsten war aber, dass alle Heizkörper gefroren und geplatzt sind. „Jetzt kann ich meinen Laden dicht machen und bin arbeitslos", dachte sie. Mit klammen Fingern schrieb sie Martin, dem vergesslichen Lehrling, die Kündigung. Eine Rechnung über den Schaden in Höhe von über 30.000 € schickte sie später an Martin. Der musste nun für viele Jahre den Schaden ratenweise abstottern. Martin war von da an von seiner Vergesslichkeit geheilt.

Zusatzaufgabe: Missachten der Anweisungen des Lehrers (II)

Male mit Wasserfarben einen wunderschönen Blumenstrauß, den du zur Entschuldigung verschenken würdest.

Beispielarbeiten

Zusatzaufgabe: Missachten der Anweisungen des Lehrers (III)

Erkläre die Bedeutung der Gebotsschilder aus dem Arbeitsbereich.
Nenne Berufe und Beispiele dafür, wann und warum diese Gebote erforderlich sind.

Bedeutung: Ohrenschützer: Man braucht sie z.B. bei der Luftwaffe.
Folgen bei Missachtung: Man kann einen Gehörschaden bekommen.

Bedeutung: Schutzschuhe: Man braucht sie z.B. beim Forstamt, wenn man Bäume fällt.
Folgen bei Missachtung: Es kann zu Fußbrüchen oder zu schwerwiegenden Verletzungen führen.

Bedeutung: Schutzbrille: Diese Schutzmaßnahme braucht man beim Schweißen.
Folgen bei Missachtung: Die sprühenden Funken können zu einer Erblindung führen.

Bedeutung: Schutzhandschuhe: Man benutzt sie in einer Großfleischerei, damit man sich beim Schneiden vom Fleisch nicht verletzt.
Folgen bei Missachtung: Trägt man die Kettenhandschuhe nicht, kann man sich stark an der Hand verletzen.

Bedeutung: Schutzhelm: Man benutzt ihn zum Beispiel auf Baustellen.
Folgen bei Missachtung: Ohne den Helm kann man schwer am Kopf verletzt werden.

Zusatzaufgabe: Verweigern der Mitarbeit (I)

Verfasse zu dem nachfolgenden Erzähltext den Mittelteil.
Beschreibe genau, wie sich Martin im Unterricht verhalten hat.

Lasst mich doch in Ruhe!

Im ersten Schulhalbjahr waren seine Leistungen noch in Ordnung. Dann überkam Martin die große Lustlosigkeit. Er verweigerte im Unterricht in vielen Fächern immer häufiger die Mitarbeit.

Martin ist auf Grund seiner Familienverhältnisse sehr zurückgezogen und lebt in seiner eigenen kleinen Traumwelt. Seine Lehrer können Martin nicht verstehen, weil er nicht über seine Probleme redet. Die Eltern sehen auch nicht ein, dass ihr Sohn sie braucht und erkennen keinen Grund den Klassenlehrer aufzusuchen. In seinem Inneren weiß Martin, was für ihn auf dem Spiel steht, doch das interessiert ihn nicht. So bekommt er beim Vorstellungsgespräch die passende Antwort zu seinen schulischen Leistungen.

Herr Jung, Personalchef von Krause & Co, zuckte bedauernd die Achseln. „Tut mir leid, Martin, aber Lehrlinge mit so schwachen Noten nehmen wir nicht."

Zusatzaufgabe: Täuschen (II)

Schreibe die Geschichte zu Ende.

Petra ist stolz auf ihre scharfen Augen. Und sie weiß ihre Gabe gut zu nutzen. Der Mathelehrer, Herr Leber, mag sie. Auch das weiß Petra zu schätzen und in den Mathearbeiten schreibt sie ab, was sie nur kann. Herr Leber vertraut ihr und die Nachbarin, das Mathe-Ass Julia, petzt nicht. Petra hat zwar eine Eins aber keine Ahnung von Mathe. Heute verkündet Herr Leber stolz: „Wir schicken Petra zum Schülerlandeswettbewerb Mathematik, die macht unserer Klasse alle Ehre, das weiß ich!" Julia fällt vor Lachen vom Stuhl und Herr Leber begreift nichts. Petra sitzt da, wie vom Blitz getroffen …

Sie denkt nach, sie grübelt wie sie da noch heil rauskommen soll. Sie möchte ihren Lehrer Herr Leber nicht enttäuschen und der Schule einen guten Ruf einbringen. Doch wie soll sie das alles machen? Wie soll sie es nur hinbekommen! Sie denkt nach und letztendes sagt sie zuversichtlich zu. Julia konnte ihr lachen immer noch nicht einstellen. Also bat Herr Leber beschlossen, ihr eine Sonderaufgabe zu erlegen. Petra ist froh dass es jetzt zur Pause klingelt. Endlich kann sie das Gespräch zu Herrn Leber aufnehmen. Sie erzählt ihm was vorgefallen ist und bekommt auch Ärger. Herr Leber ist trotzalledem streng aber gerecht. Er verspricht Petra zu helfen, ihr Mathe aufzubessern und sie nicht an die Klasse zu verraten. Noch zwei Tage, dann ist der Schülerlandeswettbewerb und Petra ist stolz, dass sie jetzt sehr gut in Mathe ist. Jetzt ist es so weit, die Entscheidung fällt, hat Petra den Wettbewerb gewonnen? Sie zittert vor Aufregung und als sie ihren Namen hört, bricht sie in Freudentränen aus. Ihre Mühen wurden also letztendes belohnt.

Zusatzaufgabe: Lautes Verhalten im Unterricht (II)

Erstelle ein Plakat für den Klassenraum zu dem Thema „Gesundheitliche Beeinträchtigung durch Lärm".

Beispielarbeiten

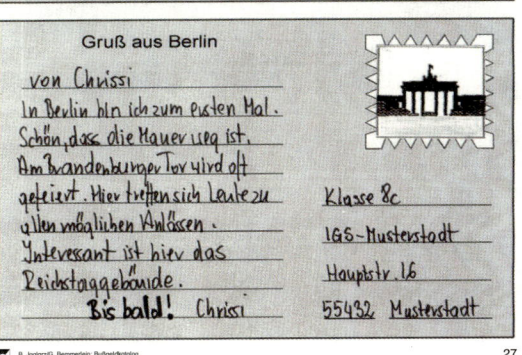

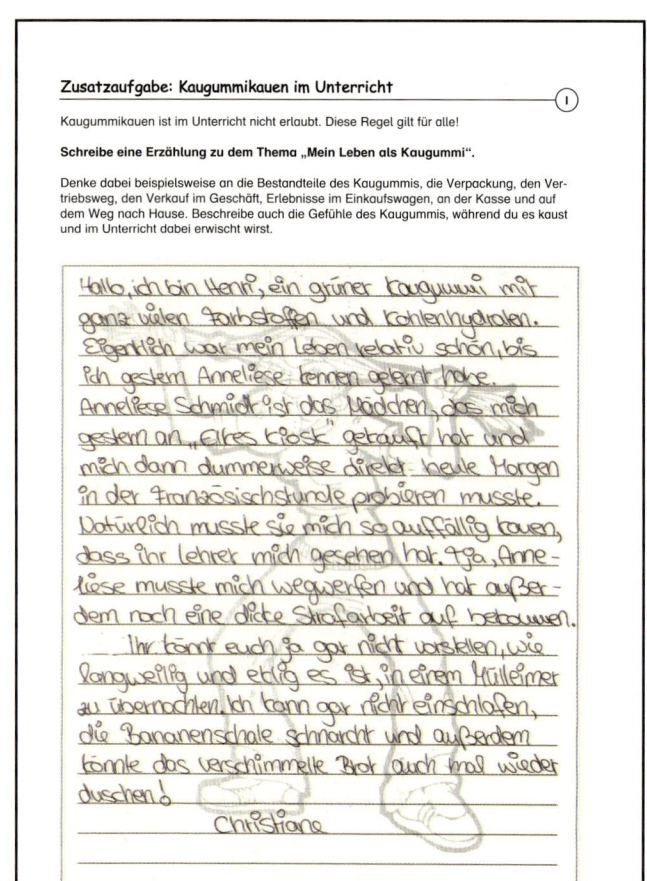

Beispielarbeiten

Zusatzaufgabe: Kaugummikauen im Unterricht (I)

Kaugummikauen ist im Unterricht nicht erlaubt. Diese Regel gilt für alle!

Schreibe eine Erzählung zu dem Thema „Mein Leben als Kaugummi".

Denke dabei beispielsweise an die Bestandteile des Kaugummis, die Verpackung, den Vertriebsweg, den Verkauf im Geschäft, Erlebnisse im Einkaufswagen, an der Kasse und auf dem Weg nach Hause. Beschreibe auch die Gefühle des Kaugummis, während du es kaust und im Unterricht dabei erwischt wirst.

> Hallo, ich bin Henri, ein grüner Kaugummi mit ganz vielen Farbstoffen und Kohlenhydraten. Eigentlich war mein Leben relativ schön, bis ich gestern Anneliese kennen gelernt habe. Anneliese Schmidt ist das Mädchen, das mich gestern an „Elfes Kiosk" gekauft hat und mich dann dummerweise direkt heute Morgen in der Französischstunde probieren musste. Natürlich musste sie mich so auffällig kauen, dass ihr Lehrer mich gesehen hat. Tja, Anneliese musste mich wegwerfen und hat außerdem noch eine dicke Strafarbeit auf bekommen.
>
> Ihr könnt euch ja gar nicht vorstellen, wie langweilig und eklig es ist, in einem Mülleimer zu übernachten. Ich kann gar nicht einschlafen, die Bananenschale schnarcht und außerdem könnte das verschimmelte Brot auch mal wieder duschen!
>
> Christiane

Zusatzaufgabe: Kaugummikauen im Unterricht (III)

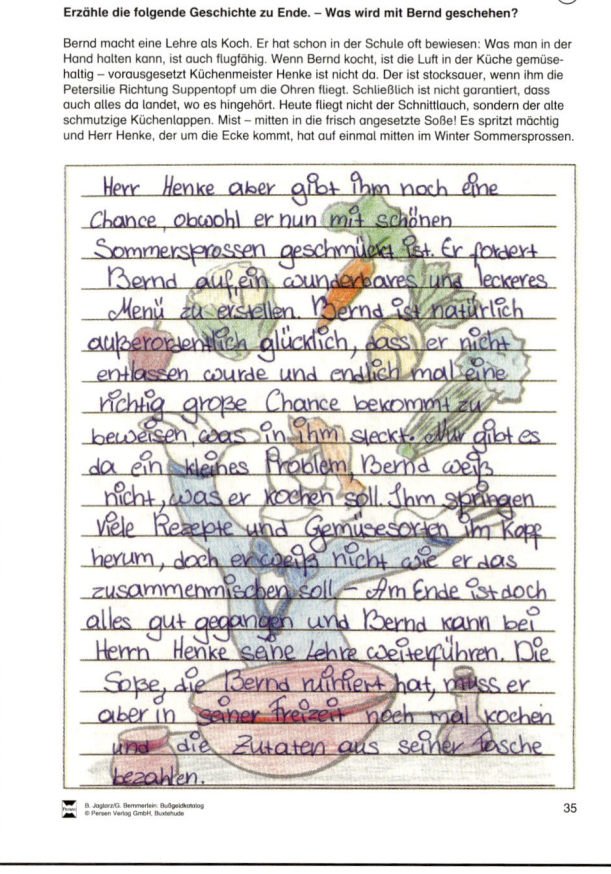

Male deine exklusive Kaugummiverpackung.

[Zeichnung einer Kaugummiverpackung: "CHEWING GUM FOR YOU – SCHWARZE JOHANNISBEERE – OHNE ZUCKER – 5 STREIFEN"]

Entwirf ein Verbotsschild für das Kaugummikauen, schneide es aus, klebe es auf deinen Sitzplatz und halte dich daran.

[Zeichnung eines Verbotsschildes: "NICHT IM UNTERRICHT – CHEWING GUM"]

Zusatzaufgabe: Werfen von Gegenständen im Unterricht (I)

Erzähle die folgende Geschichte zu Ende. – Was wird mit Bernd geschehen?

Bernd macht eine Lehre als Koch. Er hat schon in der Schule oft bewiesen: Was man in der Hand halten kann, ist auch flugfähig. Wenn Bernd kocht, ist die Luft in der Küche gemüsehaltig – vorausgesetzt Küchenmeister Henke ist nicht da. Der ist stocksauer, wenn ihm die Petersilie Richtung Suppentopf um die Ohren fliegt. Schließlich ist nicht garantiert, dass auch alles da landet, wo es hingehört. Heute fliegt nicht der Schnittlauch, sondern der alte schmutzige Küchenlappen. Mist – mitten in die frisch angesetzte Soße! Es spritzt mächtig und Herr Henke, der um die Ecke kommt, hat auf einmal mitten im Winter Sommersprossen.

> Herr Henke aber gibt ihm noch eine Chance, obwohl er nun mit schönen Sommersprossen geschmückt ist. Er fordert Bernd auf, ein wunderbares und leckeres Menü zu erstellen. Bernd ist natürlich außerordentlich glücklich, dass er nicht entlassen wurde und endlich mal eine richtig große Chance bekommt zu beweisen, was in ihm steckt. Nur gibt es da ein kleines Problem. Bernd weiß nicht, was er kochen soll. Ihm springen viele Rezepte und Gemüsesorten im Kopf herum, doch er weiß nicht, wie er das zusammenmischen soll. – Am Ende ist doch alles gut gegangen und Bernd kann bei Herrn Henke seine Lehre weiterführen. Die Soße, die Bernd ruiniert hat, muss er aber in seiner Freizeit noch mal kochen und die Zutaten aus seiner Tasche bezahlen.

Zusatzaufgabe: Spucken mit Spuckrohr im Unterricht (II)

Verfasse eine Reizwortgeschichte mit folgenden Wörtern: Deutschstunde, Spuckrohr, Augenarzt, Klassenbucheintrag.

Vergiss die Überschrift nicht!

> **Spuckrohr im Unterricht**
>
> Heute in der Deutschstunde hat Benjamin nichts Besseres zu tun als sein Spuckrohr hervorzuholen und Unsinn zu machen. Genüsslich zerkaut er ein Stück Papier mit ganz viel Spucke, steckt die triefende Papierkugel ins Spuckrohr und zielt auf Marina. Er trifft sie genau im Auge. Marina hat auf den Unterricht geachtet und kann deshalb nicht reagieren. Sie hat Schmerzen und weint. Nachmittags muss sie zum Augenarzt. Benjamin aber kassiert von der Deutschlehrerin einen Klassenbucheintrag.

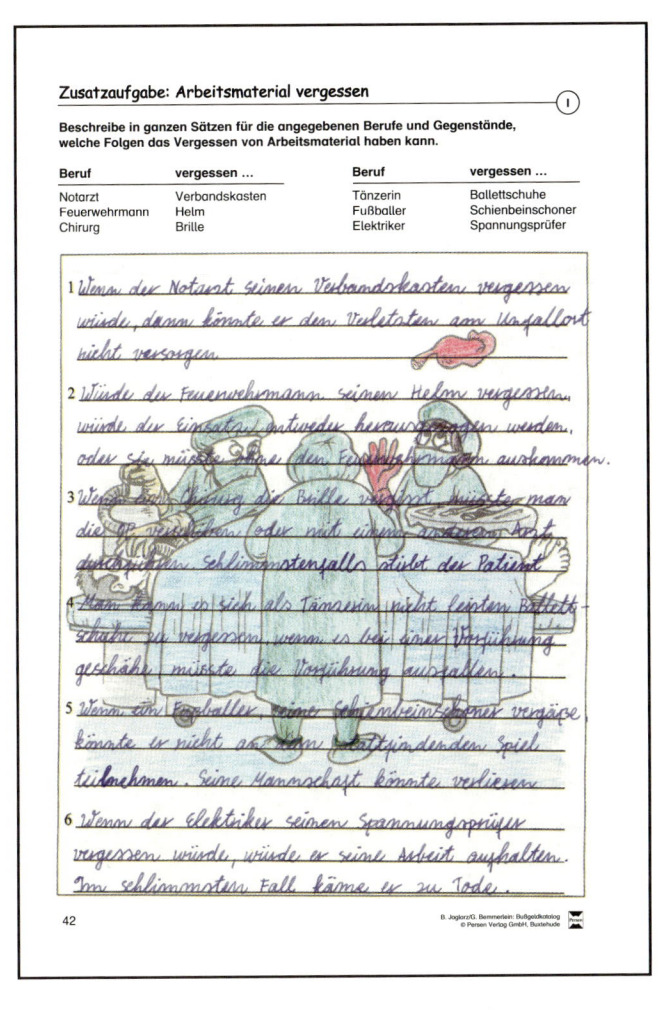

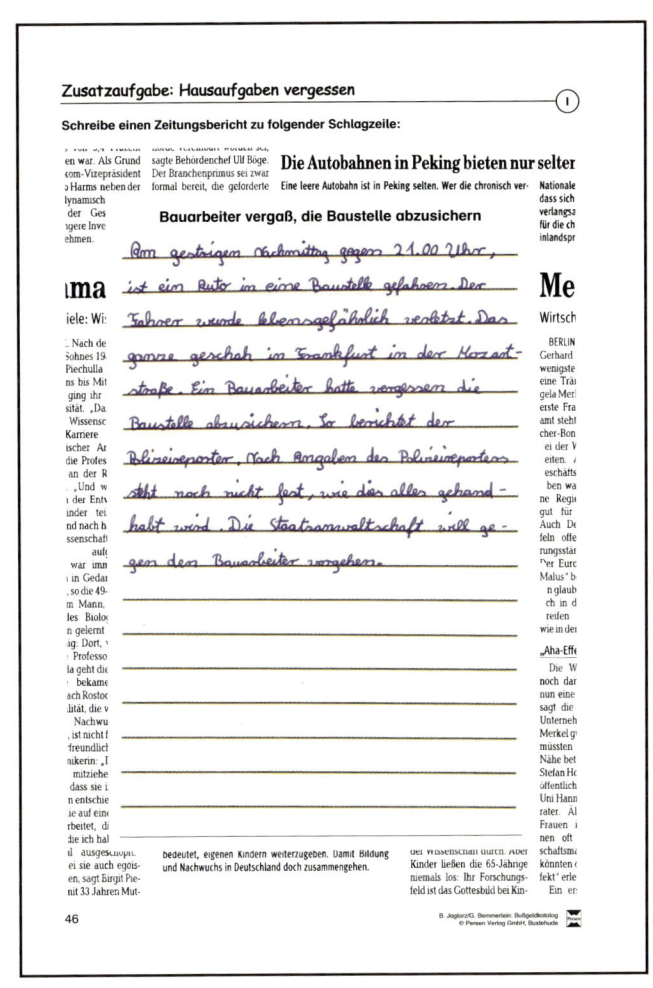

Beispielarbeiten

Zusatzaufgabe: Arbeitsmaterial vergessen

Beschreibe in ganzen Sätzen für die angegebenen Berufe und Gegenstände, welche Folgen das Vergessen von Arbeitsmaterial haben kann.

Beruf	vergessen …	Beruf	vergessen …
Notarzt	Verbandskasten	Tänzerin	Ballettschuhe
Feuerwehrmann	Helm	Fußballer	Schienbeinschoner
Chirurg	Brille	Elektriker	Spannungsprüfer

1. Wenn der Notarzt seinen Verbandskasten vergessen würde, dann könnte er den Verletzten am Unfallort nicht versorgen.

2. Würde der Feuerwehrmann seinen Helm vergessen, würde der Einsatz entweder herausgezögert werden, oder sie müsste ohne den Einsatzführer auskommen.

3. Wenn der Chirurg die Brille vergisst, müsste man die OP verschieben, oder mit einem anderen Arzt durchziehen, schlimmstenfalls stirbt der Patient.

4. Wenn es sich als Tänzerin nicht leisten Ballettschuhe zu vergessen, wenn es bei einer Vorführung geschähe, müsste die Vorführung ausfallen.

5. Wenn ein Fußballer seine Schienbeinschoner vergäße, könnte er nicht an dem stattfindenden Spiel teilnehmen. Seine Mannschaft könnte verlieren.

6. Wenn der Elektriker seinen Spannungsprüfer vergessen würde, würde er seine Arbeit aufhalten. Im schlimmsten Fall käme er zu Tode.

Zusatzaufgabe: Hausaufgaben vergessen

Schreibe einen Zeitungsbericht zu folgender Schlagzeile:

Bauarbeiter vergaß, die Baustelle abzusichern

Am gestrigen Nachmittag gegen 21.00 Uhr, ist ein Auto in eine Baustelle gefahren. Der Fahrer wurde lebensgefährlich verletzt. Das ganze geschah in Frankfurt in der Mozartstraße. Ein Bauarbeiter hatte vergessen die Baustelle abzusichern. So berichtet der Polizeireporter. Nach Angaben des Polizeireporters steht noch nicht fest, wie das alles gehandhabt wird. Die Staatsanwaltschaft will gegen den Bauarbeiter vorgehen.

Zusatzaufgabe: Mitschülern Gegenstände wegnehmen

Oft betrachten Schüler es als Scherz, Mitschülern Gegenstände wegzunehmen. Sie sehen nicht, dass dies keinesfalls erlaubt ist und juristisch nichts anderes ist als Diebstahl. Die Opfer beschweren sich zu Recht über den Verlust ihres Eigentums.

Entwirf eine schöne Entschuldigungskarte. Schreibe auf die Rückseite eine Entschuldigung an deine Mitschülerin/deinen Mitschüler und erkläre die Gründe für dein Handeln.

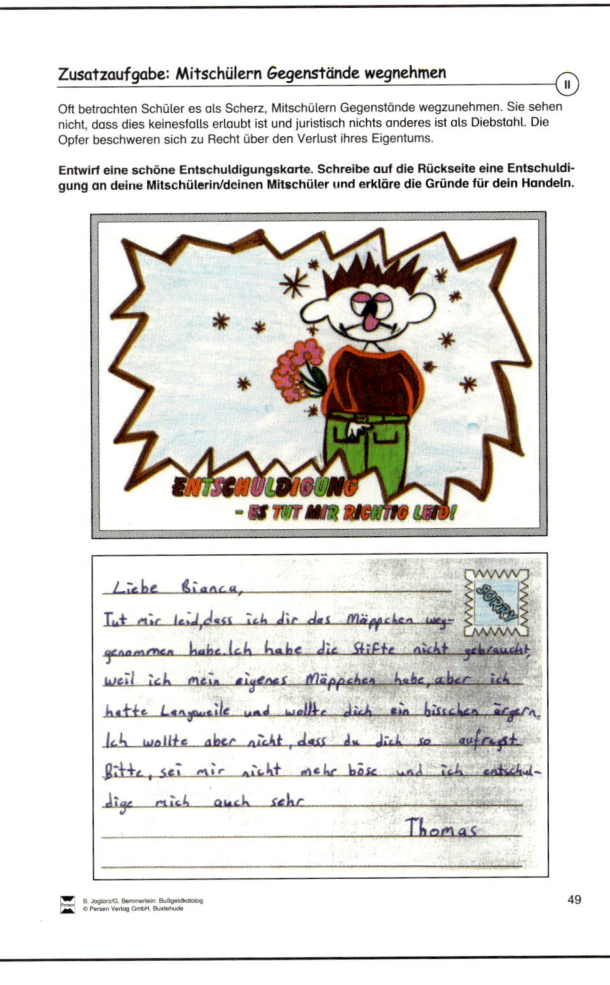

ENTSCHULDIGUNG – ES TUT MIR RICHTIG LEID!

Liebe Bianca,

Tut mir leid, dass ich dir das Mäppchen weggenommen habe. Ich habe die Stifte nicht gebraucht weil ich mein eigenes Mäppchen habe, aber ich hatte Langeweile und wollte dich ein bisschen ärgern. Ich wollte aber nicht, dass du dich so aufregst. Bitte, sei mir nicht mehr böse und ich entschuldige mich auch sehr.

Thomas

Zusatzaufgabe: Mitschüler ärgern

Schreibe an deine Mitschülerin/deinen Mitschüler einen Brief, in dem du dich entschuldigst, erklärst, warum du sie/ihn geärgert hast, und versprichst dies in Zukunft zu unterlassen.

Hallo Cristiane

Ich entschuldige mich, dass ich dir ein Reißnagelstück auf den Stuhl gelegt hab und dass ich dir Weh getan habe. Ich werde es nicht mehr machen, weil ich die Konsequenzen jetzt kenne. Ich hab das gemacht, weil ich gedacht habe, es wäre lustig, aber es war ja nicht lustig. Deswegen entschuldige ich mich.

Kevin

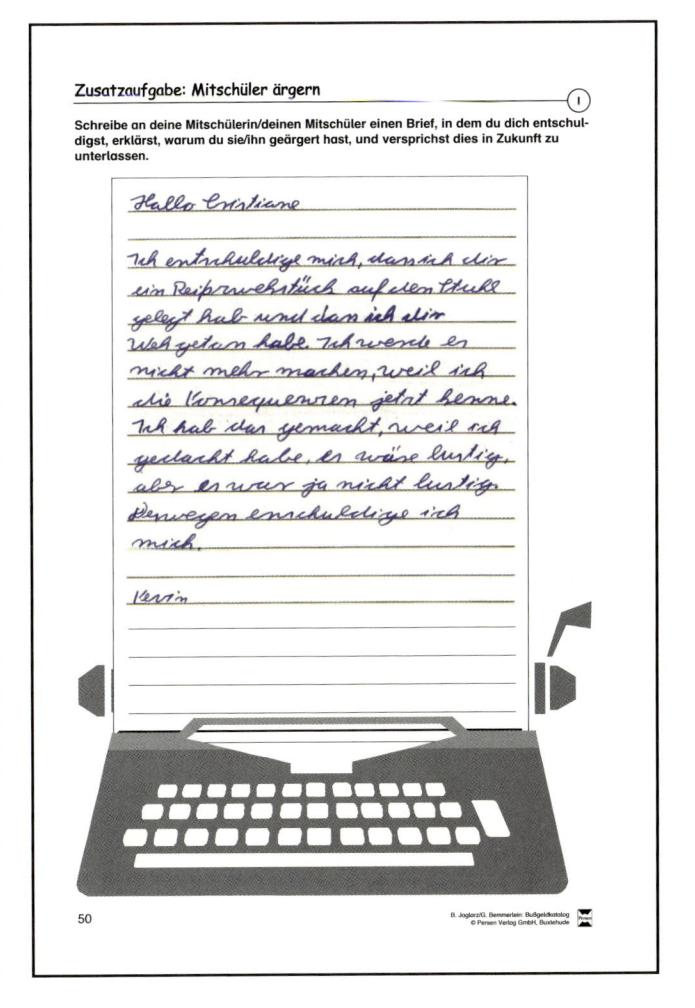

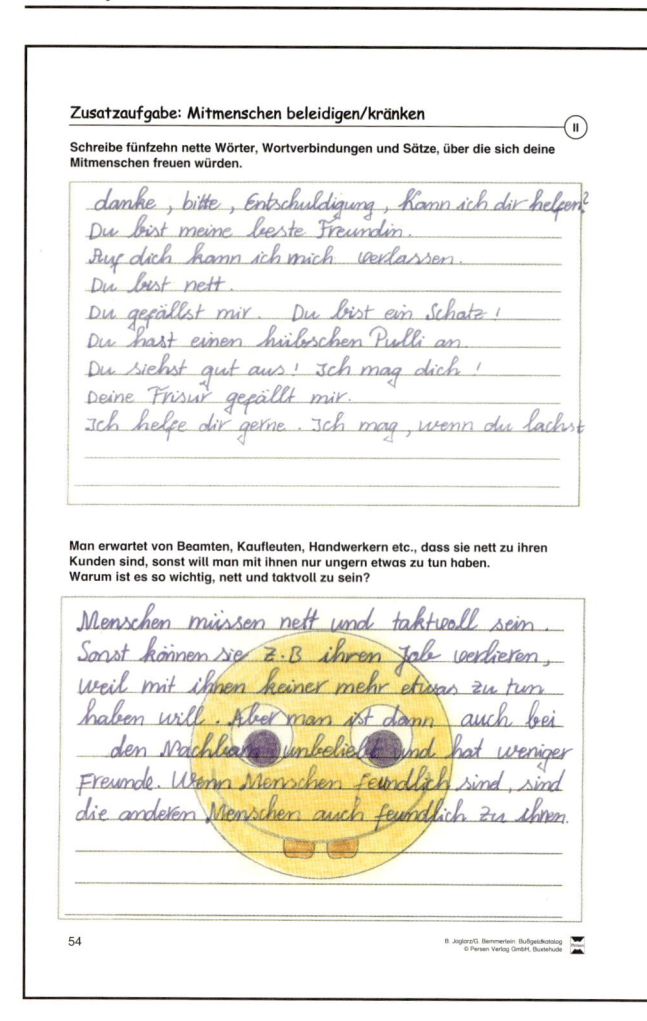

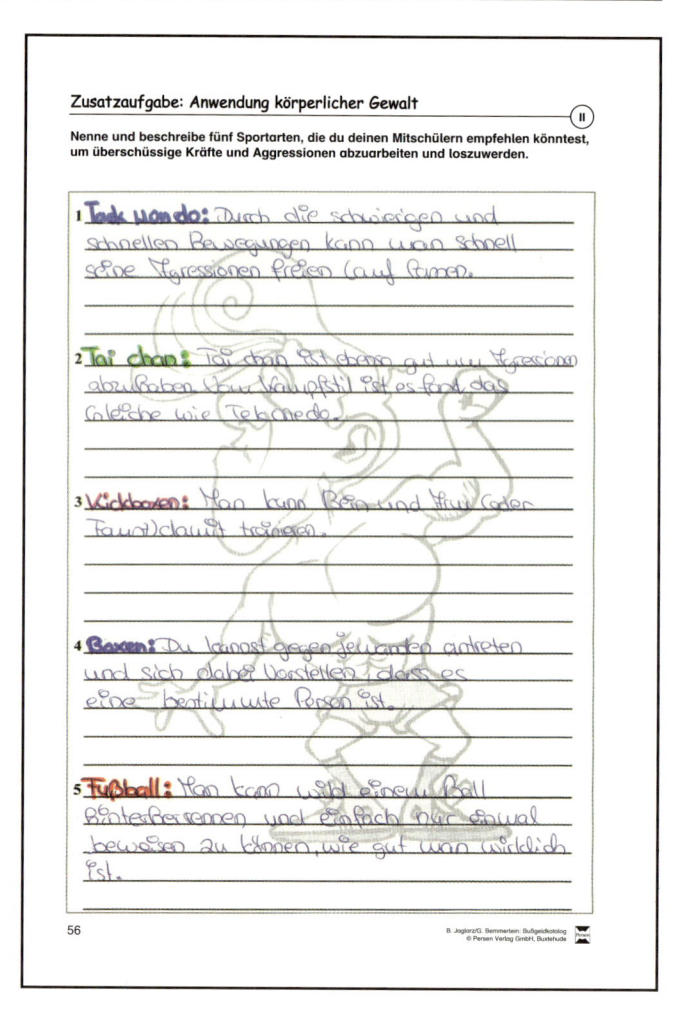

Beispielarbeiten

Zusatzaufgabe: Mitmenschen beleidigen/kränken (II)

Schreibe fünfzehn nette Wörter, Wortverbindungen und Sätze, über die sich deine Mitmenschen freuen würden.

> danke, bitte, Entschuldigung, kann ich dir helfen?
> Du bist meine beste Freundin.
> Auf dich kann ich mich verlassen.
> Du bist nett.
> Du gefällst mir. Du bist ein Schatz!
> Du hast einen hübschen Pulli an.
> Du siehst gut aus! Ich mag dich!
> Deine Frisur gefällt mir.
> Ich helfe dir gerne. Ich mag, wenn du lachst

Man erwartet von Beamten, Kaufleuten, Handwerkern etc., dass sie nett zu ihren Kunden sind, sonst will man mit ihnen nur ungern etwas zu tun haben.
Warum ist es so wichtig, nett und taktvoll zu sein?

> Menschen müssen nett und taktvoll sein. Sonst können sie z.B. ihren Job verlieren, weil mit ihnen keiner mehr etwas zu tun haben will. Aber man ist dann auch bei den Nachbarn unbeliebt und hat weniger Freunde. Wenn Menschen freundlich sind, sind die anderen Menschen auch freundlich zu ihnen.

Zusatzaufgabe: Anwendung körperlicher Gewalt (II)

Nenne und beschreibe fünf Sportarten, die du deinen Mitschülern empfehlen könntest, um überschüssige Kräfte und Aggressionen abzuarbeiten und loszuwerden.

1. **Tae kwon do:** Durch die schwungen und schnellen Bewegungen kann man schnell seine Aggressionen freien (auf Pamen).
2. **Tai chan:** Tai chan ist dann gut um Aggressionen abzubauen. Sein Kampfstil ist es fast das Gleiche wie Tae kwon do.
3. **Kickboxen:** Man kann Bein und Hand (oder Faust) Lauft trainen.
4. **Boxen:** Du kannst gegen jemanden antreten und sich dabei Vorstellen, dass es eine bestimmte Person ist.
5. **Fußball:** Man kann sich einem Ball hinterherrennen und einfach nur sowas beweisen zu können, wie gut man wirklich ist.

Zusatzaufgabe: Lügen (III)

Wie sieht eigentlich ein Lügenbeutel aus? Male sein Porträt!

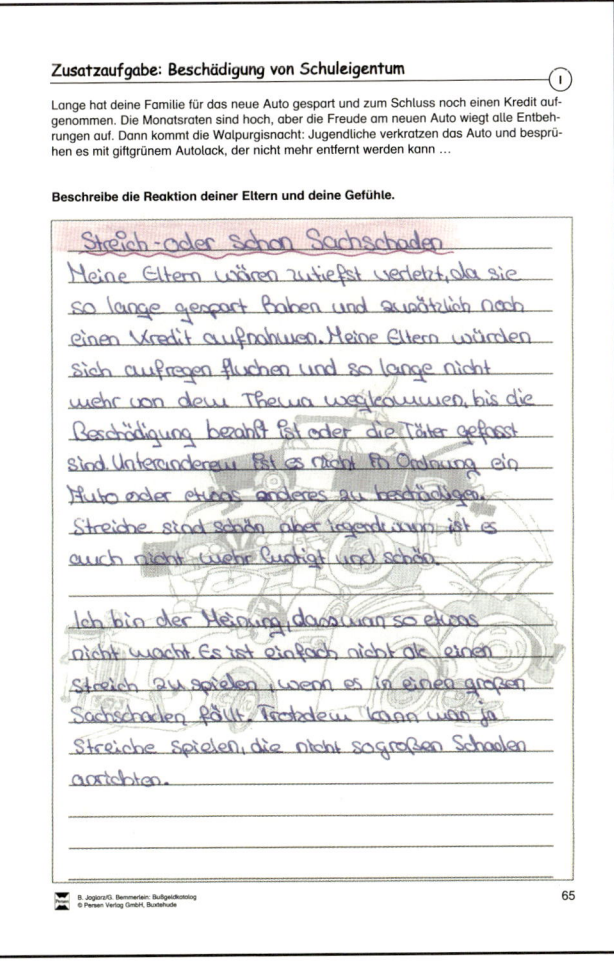

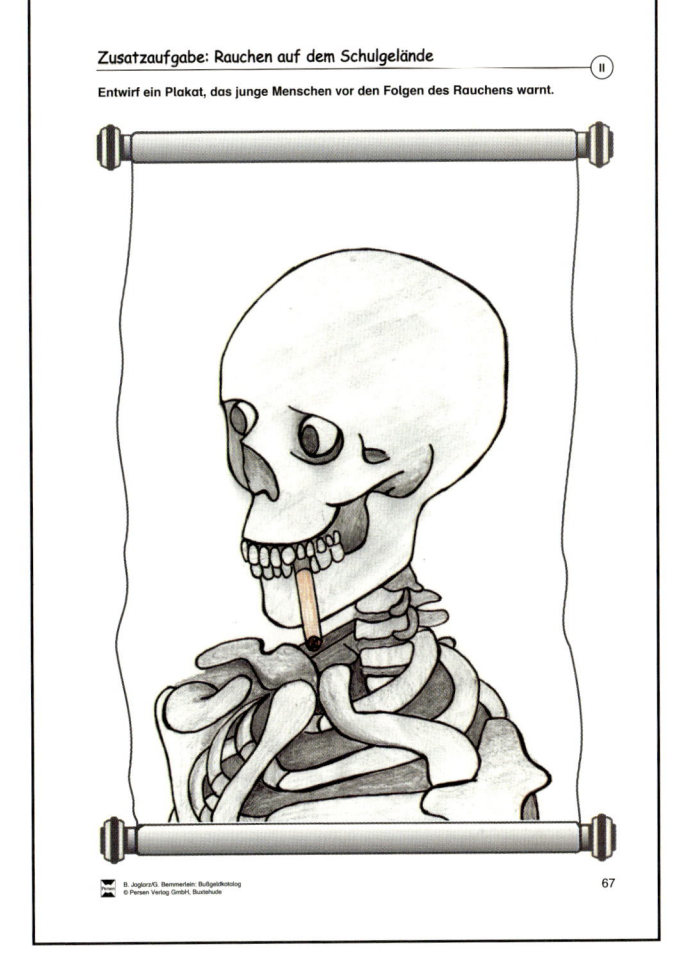

Beispielarbeiten

Zusatzaufgabe: Müll am Sitzplatz

Entwirf für den Klassenraum ein Plakat zum Thema Umweltverschmutzung.

Denke dabei an Abgase, Staubemissionen und wilde Müllkippen.

Zusatzaufgabe: Müll am Sitzplatz

Entwirf für den Klassenraum ein Plakat zum Thema Umweltverschmutzung.

Denke dabei an Abgase, Staubemissionen und wilde Müllkippen.

Zusatzaufgabe: Beschädigung von Schuleigentum

Lange hat deine Familie für das neue Auto gespart und zum Schluss noch einen Kredit aufgenommen. Die Monatsraten sind hoch, aber die Freude am neuen Auto wiegt alle Entbehrungen auf. Dann kommt die Walpurgisnacht: Jugendliche verkratzen das Auto und besprühen es mit giftgrünem Autolack, der nicht mehr entfernt werden kann …

Beschreibe die Reaktion deiner Eltern und deine Gefühle.

Streich – oder schon Sachschaden

Meine Eltern wären zutiefst verletzt, da sie so lange gespart haben und zusätzlich noch einen Kredit aufnahmen. Meine Eltern würden sich aufregen, fluchen und so lange nicht mehr von dem Thema wegkommen, bis die Beschädigung behoben ist oder die Täter gefasst sind. Untereinander ist es nicht in Ordnung, ein Auto oder etwas anderes zu beschädigen. Streiche sind schön, aber irgendwann ist es auch nicht mehr lustig und schön.

Ich bin der Meinung, dass man so etwas nicht macht. Es ist einfach nicht ok, einen Streich zu spielen, wenn es in einen großen Sachschaden fällt. Trotzdem kann man ja Streiche spielen, die nicht so großen Schaden anrichten.

Zusatzaufgabe: Rauchen auf dem Schulgelände

Entwirf ein Plakat, das junge Menschen vor den Folgen des Rauchens warnt.

Beispielarbeiten

Zusatzaufgabe: Rauchen auf dem Schulgelände (III)

Entwirf die Musterpackung einer Zigarettenschachtel, deren Aussehen vom Rauchen abschreckt.

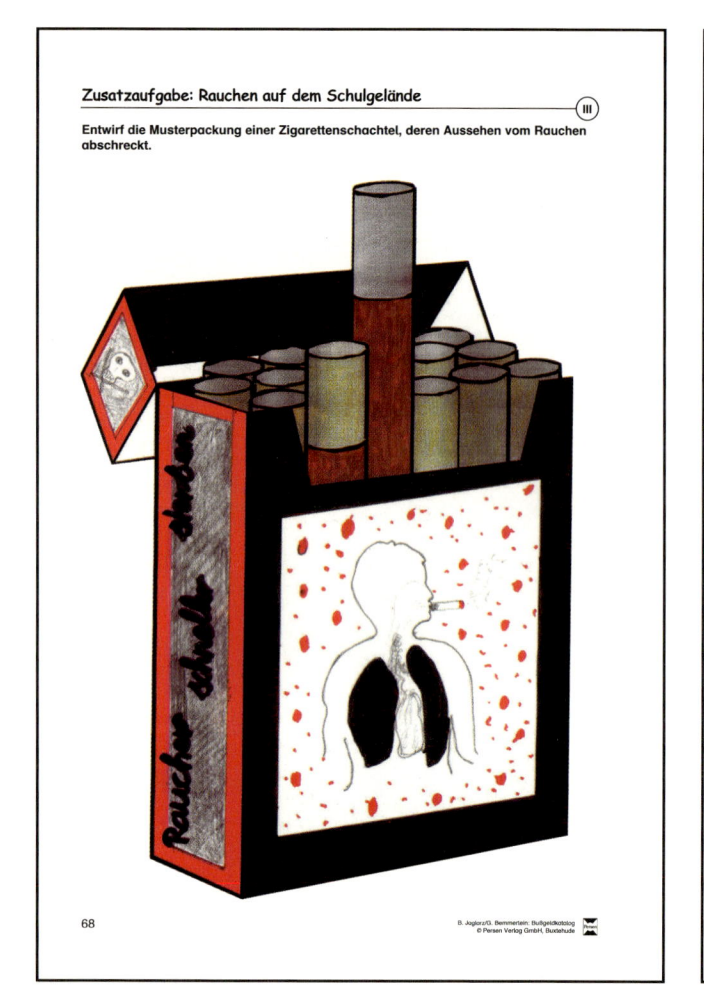

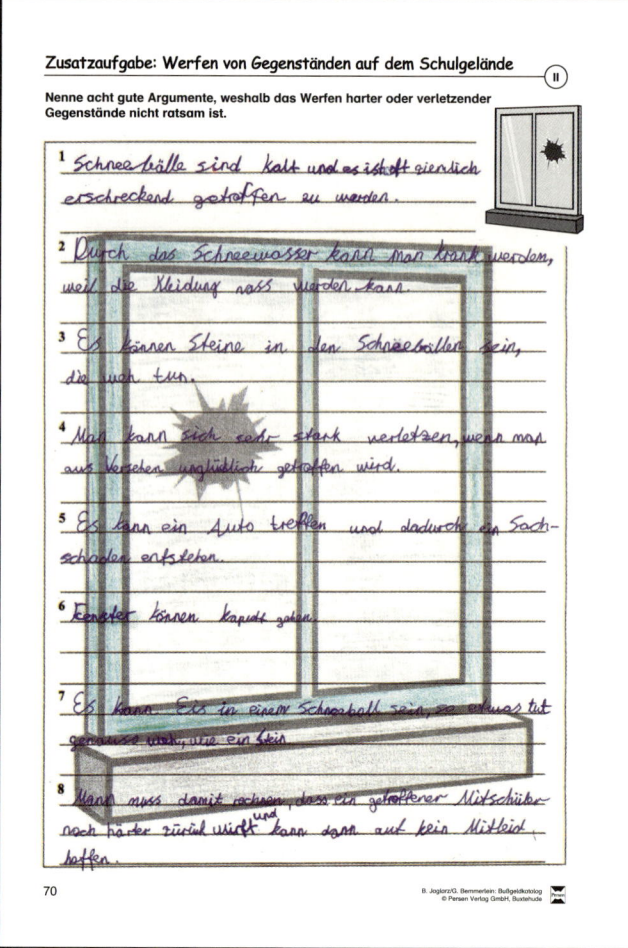

Zusatzaufgabe: Werfen von Gegenständen auf dem Schulgelände (II)

Nenne acht gute Argumente, weshalb das Werfen harter oder verletzender Gegenstände nicht ratsam ist.

1. Schneebälle sind kalt und es ist oft ziemlich erschreckend getroffen zu werden.
2. Durch das Schneewasser kann man krank werden, weil die Kleidung nass werden kann.
3. Es können Steine in den Schneebällen sein, die weh tun.
4. Man kann sich sehr stark verletzen, wenn man aus Versehen unglücklich getroffen wird.
5. Es kann ein Auto treffen und dadurch ein Sachschaden entstehen.
6. Fenster können kaputt gehen.
7. Es kann Eis in einem Schneeball sein, so etwas tut genauso weh wie ein Stein.
8. Mann muss damit rechnen, dass ein getroffener Mitschüler noch härter zurück wirft und kann dann auch kein Mitleid hoffen.

Zusatzaufgabe: Unerlaubtes Verlassen des Schulgeländes (I)

Stelle dir vor: Als du während der Schulzeit das Schulgelände unerlaubt verlassen hast, ist der Unfall geschehen. Jetzt liegst du mit einem Rippenbruch im Krankenhaus. Dein Vater hat dir einen Brief deiner Versicherung gebracht. Die Versicherung meint, dass sie den Krankenhausaufenthalt nicht zahlen muss, und will wissen, was genau geschehen ist, warum du das Schulgelände verlassen hast, wie wann, wo und warum der Unfall geschehen ist, welche Personen beteiligt waren und wer Zeuge war.

Schreibe einen ausführlichen, sehr höflichen Brief an die Versicherung, in dem du den Hergang und die Ursachen des Unfalls ganz genau schilderst. Bitte sehr freundlich darum, dass die Versicherung doch zahlen möge, und führe hierfür gute Gründe an.

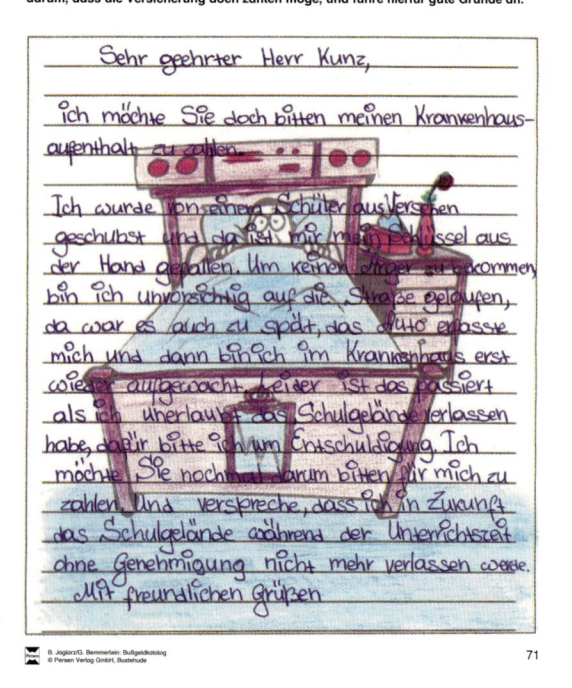

Sehr geehrter Herr Kunz,

ich möchte Sie doch bitten meinen Krankenhausaufenthalt zu zahlen. Ich wurde von einem Schüler aus Versehen geschubst und da ist mir mein Schlüssel aus der Hand gefallen. Um keinen Ärger zu bekommen bin ich unvorsichtig auf die Straße gelaufen, da war es auch zu spät, das Auto erfasste mich und dann bin ich im Krankenhaus erst wieder aufgewacht. Leider ist das passiert als ich unerlaubt das Schulgelände verlassen habe, dafür bitte ich um Entschuldigung. Ich möchte Sie nochmal darum bitten für mich zu zahlen. Und verspreche, dass ich in Zukunft das Schulgelände während der Unterrichtszeit ohne Genehmigung nicht mehr verlassen werde.
Mit freundlichen Grüßen

Zusatzaufgabe: Unerlaubtes Fernbleiben vom Unterricht (I)

Schreibe die Geschichte zu Ende.

Florian ist abgehauen. Einfach so. Die Mathe-Doppelstunde am Ende des Schultages hat er sich erspart. Raus aus der Schule und ab in die Stadt. Im Park war es ruhig und sonnig, kein bekanntes Gesicht, da waren sowieso nicht viele Leute. Den Schulbus nach Hause hat er fast verpasst, ihn gerade noch an der Berufsschule erwischt. Frau Müller, die Mathelehrerin, hat am nächsten Tag gemault, aber er hat sich herausgeredet. Im Krankenzimmer sei er gewesen, Kopfschmerzen, Übelkeit. Frau Müller hat es ihm abgenommen. Florian hat wenig Bedenken. Mathe, meint er, kann er eh nicht. Das kann er auch gleich lassen. Er sagt, das braucht ein Rettungssanitäter nicht. Das will er nämlich später mal machen. Mutter kocht vor Wut, droht mit Hausarrest ohne Ende … Ein Glück, dass Papa noch nicht zu Hause ist, der Ärger wäre doppelt so groß. Wie hat Mama bloß erfahren, dass Florian geschwänzt hat?

Florian sitzt in seinem Zimmer und denkt nach, wie seine Mutter wohl darauf gekommen ist, dass er die letzten zwei Stunden geschwänzt hat. Er geht zu seiner Mutter und fragt sie, wie sie darauf komme. Die Mutter erklärt ihm, dass sie in der Stadt war um ein paar Besorgungen zu machen. Somit hat Florian zugegeben, dass er geschwänzt hat. Seine Mutter gibt ihm eine Woche Hausarrest und verdonnert ihn zu einer Woche Spüldienst. Und damit nicht genug, sein Vater hat von der ganzen Sache auch noch Wind bekommen. Vater nimmt ihm das Haustier, den Hasen ab, bis er eine drei in Mathe schreibt.

Lösungen

Zusatzaufgabe: Ablenkung durch elektronische Unterhaltungsmedien

Löse das große Elektronikspezialisten-Kreuzworträtsel.

CD-Abspielgerät	Maß für Lautstärke		Verstärker (engl.)			Funktionstaste am Abspielgerät		Verbindung von Player u. Kopfhörer	digitales Speichermedium
C	D	P	L	A	Y	E	R		
		B		M				S₉	D₃
	kleines Musikabspielgerät	M₁	P	P	L	A	Y	E	O
digitales Format f. Musikdateien	Abk. Megabyte								R
	M	I	D	I					V
					Messeinheit für el. Widerstand				
	Ladeeinrichtung für Handy				A			U	D
	B								
				Funktelefon mit Fotoapparat					
				F	O	T	O	H	A	N	D	Y
Schnittstelle (engl.)			I₄						
I	N	T	E	R	F	A	C	E	
					digitales Format f. Musikdateien				
					M				
						Abk. Gigabyte			
						G			
Buch zum Zuhören							Batteriegrößennorm		
H	Ö	R	B	U	C	H			
							Schaltbaustein	digitales Format für Filmdateien	Abk. Multimedia card
								M	A
Lautstärke (engl.)									
V	O	L	U	M	E		C₁₅	H₁₆	
									Abk. f. Compact Disc
						Funktionstaste am Abspielgerät			
						P	A	U	S	E₅

Lösungssatz:

1	2	3	4	5	6	7	8	9	10	11	12	13	14	15	16
M	E	D	I	E	N	M	I	S	S	B	R	A	U	C	H

Schreibe eine Geschichte, in der du drei beliebige Wörter aus dem Kreuzworträtsel verwendest.

Zusatzaufgabe: Lautes Verhalten im Unterricht

Löse das große Lärmworträtsel.

Schallaufnahmegerät	Lärm von Maschinen		brausendes Geräusch des Sturms		kirchlicher Geräuscherzeuger	lautes Tier	
M₅	I	K	R	O	F	O	N	B
hysterisches Geschrei							R₁₂
G	E	K	R	E	I	S	C	H
deutsch für "Song"			Ausruf des Erstaunens				
			O				U
Echo	H				vor Angst mit den Zähnen ...		
L			H₉		K₁₅		H
W	I	D	E	R	H	A₁₃	L	L₁
						macht der Hund	
						W	A	U
	Glockengeräusch						
E					A		F
	Schallmessgerät		Signalgerät des Schiedsrichters			Ausruf der Freude	
D	S			L	P	F	E	I	F	E
Blechinstrument						Abk. für Dezibel	
T₁₀	R	O	M	P	E	T	E		H
			südd. für Lärm				
				R	U		D	A	U
mittlere Männerstimme						Ausruf der Bewunderung	
B	A₇	R	I	T	O	N		A	T
	Geräusch von zermahlenem Glas						Geräusch
	K₁₁	N	I	R	S	C	H	E	N₁₄	O

Lösungssatz:

1	2	3	4	5	6	7	8	9	10	11	12	13	14	15
L	Ä	R	M	M	A	C	H	T	K	R	A	N	K

Schreibe eine Geschichte, in der du die drei längsten Wörter des Rätsels verwendest.

Lösungen

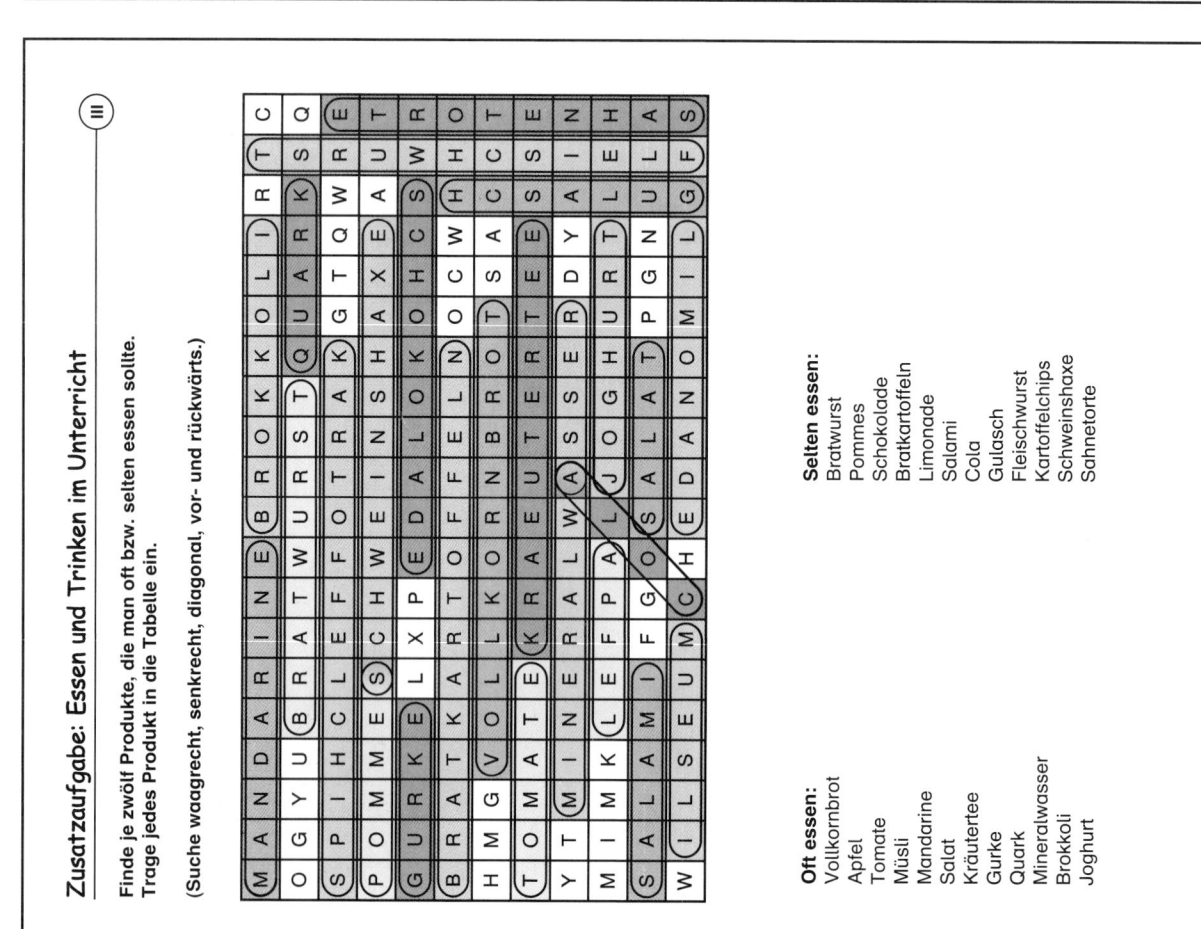

Zusatzaufgabe: Arbeitsmaterial vergessen

Finde zwölf Personen und jeweils den passenden Gegenstand, den sie vergessen haben. Trage jede Person und ihren Gegenstand in die Tabelle ein und fülle die Spalte „Folgen" aus.

(Suche waagrecht, senkrecht, diagonal, vor- und rückwärts.)

U	B	Y	R	E	K	C	E	A	B	S	K	O	C	H	F	U	L	E
Z	R	E	T	S	I	E	L	K	A	L	A	N	O	T	R	A	Z	T
A	A	G	R	E	T	H	C	I	R	S	D	E	I	H	C	S	T	L
N	E	B	A	G	F	U	A	S	U	A	H	E	G	N	I	E	R	E
U	U	X	C	S	C	H	U	L	S	C	H	L	U	E	S	S	E	L
G	T	R	E	R	H	E	L	A	R	Z	T	K	O	F	F	E	R	W
X	I	L	K	U	N	D	E	N	A	D	R	E	S	S	E	E	X	V
A	G	Z	V	S	C	H	U	E	L	E	R	E	N	I	E	R	H	C
Y	A	K	H	A	U	S	M	E	I	S	T	E	R	F	S	D	A	E
M	M	E	R	E	H	C	S	G	T	A	P	E	Z	I	E	R	E	R
T	A	X	I	F	A	H	R	E	R	L	E	S	S	I	N	G	U	E
F	R	I	S	E	U	R	A	L	I	Z	D	N	I	K	L	I	A	F

Schüler – Hausaufgaben
Tapezierer – Kleister
Hausmeister – Schulschlüssel
Notarzt – Arztkoffer
Schreiner – Säge
Lehrer – Zeugnisse
Koch – Salz
Taxifahrer – Kundenadresse
Friseur – Schere
Bäcker – Hefe
Bräutigam – Eheringe
Schiedsrichter – Pfeife

Zusatzaufgabe: Essen und Trinken im Unterricht

Finde je zwölf Produkte, die man oft bzw. selten essen sollte. Trage jedes Produkt in die Tabelle ein.

(Suche waagrecht, senkrecht, diagonal, vor- und rückwärts.)

M	A	N	D	A	R	I	N	E	B	R	O	K	K	O	L	I	R	T	C
O	G	Y	U	B	R	A	T	W	U	R	S	T	Q	U	A	R	K	S	Q
S	P	I	H	C	L	E	F	F	O	T	R	A	K	G	T	Q	W	R	E
P	O	M	M	E	S	C	H	W	E	I	N	S	H	A	X	E	A	U	T
G	U	R	K	E	L	X	P	E	D	A	L	O	K	O	H	C	S	W	R
B	R	A	T	K	A	R	T	O	F	F	E	L	N	O	C	W	H	H	O
H	M	G	V	O	L	L	K	O	R	N	B	R	O	T	S	A	C	C	T
T	O	M	A	T	E	K	R	A	E	U	T	E	R	T	E	E	S	S	E
Y	T	M	I	N	E	R	A	L	W	A	S	S	E	R	D	Y	A	I	N
M	I	M	K	L	E	F	P	A	L	J	O	G	H	U	R	T	L	E	H
S	A	L	A	M	I	F	G	O	H	S	A	L	A	T	P	G	N	U	L
W	I	L	S	E	U	M	C	H	E	D	A	N	O	M	I	L	G	F	S

Oft essen:
Vollkornbrot
Apfel
Tomate
Müsli
Mandarine
Salat
Kräutertee
Gurke
Quark
Mineralwasser
Brokkoli
Joghurt

Selten essen:
Bratwurst
Pommes
Schokolade
Bratkartoffeln
Limonade
Salami
Cola
Gulasch
Fleischwurst
Kartoffelchips
Schweinshaxe
Sahnetorte

Lösungen

Zusatzaufgabe: Anwendung körperlicher Gewalt

Löse das große Gewaltkreuzworträtsel.

	Abk. für Malteserhilfsdienst				Angriffslust	Kampfsportart			gefühllos	
körperliche Auseinandersetzung	M		Schmerzschrei		A					K₁₂
S	C	H	L	A	E	G	E	R	E	I	
	böse	Abk. für Oberlandesgericht	U		G				N	A
jemand hauen	S	D	O		R	Furcht			S	L
S	C	H	L₇	A	G	E	N₁₅			T
verbale Gewaltanwendung	H		G			veraltet für Untat	Verletzung			
B₂₀	E	L₅				M₂₃		W₃		E₂₄
	C	A					L₁₄			D
extreme Abneigung	H		S₁₀				D		erzwingen	jemand heftig schlagen
T₁₁							I	G	N	
Arzt für erste Hilfe		starke Wut					G	U		P₁₇
N	O₈						Zwangslage	N		R
engl. für Bande	R						lieb			U
G	A₄	N	G				N	E	T₆	E
									Abk. für Landgericht	L₂₁
							O₁₉	E₉	I	G
							T		G₁	E
									Abk. für Gesetzbuch	L
							Z			
									E₂	
										N
	Zweifel hinsichtlich eines Tuns									
	B	E	D₁₃	E	N	K	E	N		

Lösungssatz:

1	2	3	4	5	6		7	8	9	10	11		12	13	14	15	16		17	18	19	20	21	22	23	24
G	E	W	A	L	T		L	O	E	S	T		K	E	I	N	E		P	R	O	B	L	E	M	E

Schreibe eine Geschichte, in der du die drei längsten Wörter des Rätsels verwendest.

Folgeseite für Textaufgaben